공주님의 우아한 기 살리기

공주님의 우아한 기 살리기

펴낸날 | 초판1쇄 2017년 7월 4일
지은이 | 이미애
기획 | 박한진
편집 · 디자인 | 박기주
펴낸이 | 박기주
펴낸곳 | 다크아트
주소 | 인천 중구 하늘별빛로 86
Tel | 010-5683-9007
Fax | 0303-3446-9075
Homepage | http://www.darkart.co.kr
Email | darkartpublication@gmail.com

이 책은 저작권법에 따라 보호받는 독창적인 저작물이므로 무단전재와 무단복제를 일체 금하며, 이 책의 내용 전부 또는 일부를 이용하려면 반드시 저작권자와 다크아트의 서면 동의를 받아야 합니다.

● 잘못 만들어진 책은 서점에서 교환해 드립니다.

ISBN 979-11-88308-03-3 (03190)

값 28,000원

이 도서의 국립중앙도서관 출판예정도서목록(CIP)은 서지정보유통지원시스템 홈페이지(http://seoji.nl.go.kr)와 국가자료공동목록시스템(http://www.nl.go.kr/kolisnet)에서 이용하실 수 있습니다. (CIP제어번호 : CIP2017014781)

공주님의 우아한 기 살리기

CONTENTS

서문 … 8

[제1장] 모든 여성들은 공주님이다 … 11

1. 공주병? … 12
2. 공주님이 되는 꿈을 왜 버려야 해? … 13
3. 어린 시절에는 모두가 공주님 … 15
4. 공주님은 느낌을 다스리지 … 18
5. 공주님은 뺄셈 천재 … 20
6. 공주님은 능동적 … 23
7. 공주님은 진실을 찾지 않아 … 26
8. 공주님은 항상 뭐든 슬렁슬렁 … 29
9. 공주님은 애쓰지 않기 위해서만 애쓰지 … 31
10. 공주님은 제멋대로 청개구리 … 35
11. 공주님은 롤모델 따위는 안 키워 … 37
12. 공주님은 격언 따윈 배워본 적 없어 … 40
13. 공주님은 무사태평 … 43
14. 공주님은 민폐녀 … 47
15. 공주님은 머슴들을 포상하지 … 49
16. 공주님은 외롭기에 행복해 … 54
17. 공주님은 관계 다이어트만 하지 … 59

18. 공주님은 자기편이라 반성 절대 안 해 ··· 62

19. 공주님은 스스로 반짝반짝 ··· 65

20. 꿈에서 깨어나 현실을 사는 공주님 ··· 68

[제2장] 우아한 기 살리기의 준비 ··· 72

1. 기공? 그게 뭔데? ··· 73
2. 수호천사란 무엇일까? ··· 87
3. 영원한 내 편 대천사님과 수호천사님 ··· 91
4. 수호천사 기공 ··· 120
5. 모두 주는 고마운 햇님 ··· 133
6. 예쁜 소리 고운 말씨 ··· 137
7. 나를 이끄는 반짝이는 별 ··· 140
8. 내가 하고 싶은 일 ··· 148
9. 타력 본원 ··· 156
10. 중력장의 곡률 ··· 164
11. 형? 상? 그걸 왜 해야 하니? ··· 173

[제3장] 우아한 기 살리기의 시작 ··· 180

1. 마음 진정시키기 ··· 181
2. 약손으로 치유하기 ··· 187
3. 영혼의 빈 곳 빛으로 채우기 ··· 196

4. 축복하고 축성하기 ··· 203

5. 풍요를 만끽하기 ··· 218

[제4장] 우아한 기 살리기의 실천 ··· 226

1. 예쁘게 치장하고 관심과 사랑받기 ··· 227
2. 내 남자의 사랑을 독차지하기 ··· 229
3. 깔끔하고 엣지 있게 이별하기 ··· 235
4. 태양신의 기운으로 여신으로 깨어나기 ··· 240
5. 달과 함께 춤을 추기 ··· 242

[제5장] 우아한 기 살리기의 완성 ··· 248

1. 숨지 말고 드러내기 ··· 249
2. 무지의 구름을 걷어내기 ··· 255

[제6장] 공주님의 우아하고 순한 삶을 살아볼까? ··· 263

1. 세상의 가치와 의미는 내가 정하는 것 ··· 264
2. 사뿐사뿐 순하게 흘러가기 ··· 267

서문

  하얗고 예쁜 피부, 꾀꼬리 같은 목소리, 우아한 걸음걸이, 사랑받기를 좋아하고 사랑받는 것을 즐기는 그녀, 바로 공주님입니다. 이렇게 우리의 환상 속 공주님은 지나가던 새들도 아름다움을 찬미하는 예쁘고 사랑스러운 존재입니다. 2015년 영국 왕실에서 태어난 샬롯 엘리자베스 다이애나 공주의 일상 사진들은 전 세계적으로 늘 큰 이슈가 되고는 합니다.

  무엇을 입을까? 무엇을 먹을까? 어떤 대접을 받을까? 이렇게 공주님의 삶은 궁금하고 들여다보고 싶은 호기심이 가득한 세상이지요.

서문

너무 먼 얘기처럼 들리셨나요?

현대를 살아가는 여성들 중에서도 왕실의 기품을 타고난 것처럼 공주님 같은 우아한 삶을 살아가는 사례는 어렵지 않게 찾아볼 수 있습니다.

나와 같이 평범한 그녀들이 '공주님' 같은 우아하고 기품 있는 삶을 누리는 이유는 무엇일까요?

처음부터 공주로 태어난 공주님을 선망의 대상으로 바라보았어도 평범하게 태어나 공주님과 같은 삶을 누리는 그녀들을 살짝 질투하지 않으셨나요?

그리고 그 비결이 궁금하지 않으셨나요?

여성분들은 자신이 동경하는 대상에 대한 설레임과 질투의 감정이 뒤섞일 때 복잡 미묘한 감정이 일어난답니다. 불편함이 느껴져도 자신도 그렇게 되고 싶다는 것만큼은 진실한 이야기지요.

이 책의 서문을 읽는 당신의 마음속엔 이미 '공주님'이라는 단어에 설레임과 기쁨이 가득할지도 모릅니다. 그리고 이 책을 펴는 순간부터 닫는 순간까지 셀레임과 기쁨의 순간들을 놓치지 않기를 바란답니다. "나도 공

공주님의 우아한 기 살리기

주님처럼 우아하게 살아갈 수 있을까?"라는 의문을 품는 분들께 공주님처럼 우아하게 살아가는 비결을 공개할 것이니까요.

우아하고 기품있어 보이는 그녀들을 따라해 봐도 늘 어딘지 모르게 부족했다고 생각했다면 부족했던 당신의 1%를 꼭 채워줄 것이랍니다. 하지만 그 1%만큼은 세상이 내놓지 않는 진짜 공주님들의 비결이기도 하지요.

공주님의 우아한 기 살리기의 세계에 오신 것을 환영합니다.

제 1 장

모든 여성들은 공주님이다

1. 공주병?

"공주처럼 우아해."라는 소리를 들으면 언제나 기분이 좋습니다. 하지만 이것을 애써 감추며 겸손해지려는 사람들이 있습니다. 한때 공주병 소리를 듣는 이들이 대부분의 여성들에게 적이 되어야만 했던 적이 있었기 때문이지요. 지금도 너무 지나치게 공주병으로 인식이 된 사람들은 남녀를 떠나 인기가 없는 것 같습니다.

하지만 분명한 사실 하나는 공주병과 공주님은 틀린 것이랍니다. 공주병은 공주님처럼 보이려는 애씀과 같은 것이지만 공주님은 애쓰지 않아도 사람들이 그 가치를 알아주는 사람들인 것이지요. 공주님의 유전자를 지니고 타고난 여성들은 시대를 떠나서 더 많은 사랑을 받고 자신의 가치를 꾸준히 올려왔다는 것은 사실입니다.

자신의 가치가 중요한 이 시대에 공주는 더 이상 병이 아님을 잘 알고 있을 것이라 생각합니다. 공주처럼 우아하게 밥을 먹고 자신의 표현에 솔직한 여성들은 누가 봐도 매력적입니다. 누군가가 공주병의 그늘에서 겸손해지려고 노력할 때나 애써서 공주님처럼 보이고 싶어 할 때, 스스로 공주가 되는 이들은 자신만의 매력적인 그 길을 택해서 갑니다.

가장 큰 차이점은 공주님이라는 타이틀을 무서워하지 않았다는 것입니다. 스스로에게 매력적인 진짜 공주님의 탄생을 기대하며 많은 여성분들이 공주병이라는 그늘에서 벗어나 진짜 공주님으로 탈바꿈하기를 바랍니다.

2. 공주님이 되는 꿈을 왜 버려야 해?

사람들의 마음속에는 아직 공주님에 대한 수많은 환상이 존재합니다. 세계의 왕실에 존재하는 공주님의 삶은 각종 SNS에서 큰 이슈가 되고 그녀들의 존재 자체가 하나의 큰 상품 가치가 됩니다.

현실에서도 소설에서도 드라마에서도 공주님의 삶은 닮고 싶은 여성의 큰 일부분입니다. 그러나 왜 항상 바라만 보고 있는 것일까요? 공주가 되는 꿈을 버리라는 그런 말은 아무도 한 적이 없는데도 말이지요.

공주님의 우아한 기 살리기

　내가 공주님이 된다고 해서 주변 사람에게 해가 되는 일도 없는데 많은 여성분들이 공주님이 되기를 스스로 포기해 버립니다. 스스로 공주가 되어 왕자 없이도 잘 살아가는 현대판 공주님들은 정말로 매력적인 캐릭터라고 생각합니다.

　매력적인 공주님에게 주어지는 것이 있지요. 그것은 행운이라는 것입니다. 행운은 잡으려고 노력하는 사람보다 공주님에게 더 많이 열려 있는 것도 사실입니다.

　하지만 아직 공주님처럼 살아도 괜찮다는 얘기를 들어본 적이 없으시지요? 공주님이 되는 꿈을 버리기엔 이릅니다. 지금 내 모습 있는 그대로 공주님이 되면 뭐 어떤가요? 예쁘고 똑 부러지는 공주님만 존재 하는 게 아닙니다. 왠지 나는 못나고 부족해 보여서 예쁘고 똑 부러지는 공주님의 모습만 찾게 되는 것이랍니다.
　세상엔 부족하고 예쁘지 않고 털털해 보여도 공주님으로 살아가는 사람들이 있지요. 오히려 공주님이 완벽할 것이라는 건 나의 작은 환상에 불과하답니다.

저는 언제나 모든 사람에게 이야기해 준답니다. 꿈은 이루라고 있는 것이지 간직하고 바라보기만 하는 것이 아니라구요.

이제부터는 공주님이 되는 꿈을 하나씩 이뤄 가 보셨으면 좋겠습니다.

3. 어린 시절에는 모두가 공주님

 어린 시절 어머니의 뾰족한 구두를 몰래 신고 얼굴에는 엉성한 화장을 한 채 가장 예쁜 옷을 입고 곧잘 거울 앞에 서고는 했습니다.

동화 속에 존재하던 공주님 흉내를 내며 미소 짓고, 미스코리아처럼 내가 제일 예쁘다고 거울 앞에서 뽐내던 그때 누구보다 행복했습니다.

우리는 어린 시절 모두 공주님이었습니다. 어린 시절 자신은 제일 예쁘고 사랑스러웠다는 것을 아실 겁니다.

공주님의 우아한 기 살리기

혹시 삐뚤어진 마음이 고개를 들고 '나는 아니야!'라고 하고 있나요?

그 얘기를 가만히 귀 기울여 들어보세요.

> '스스로에게 공주님이었던 적이 단 한 번도 없었을까?'
> '누군가에게 사랑받고 예뻤던 기억이 단 한 번도 없었을까?'

과거의 기억도 완벽한 것은 아니랍니다. 사람들은 과거의 기억도 곧잘 편집을 하고, 살아오면서 판단해 온 잣대에 의해 보고 싶은 기억만을 보기도 하지요. 다양성을 보는 게 아니라 기억의 단편만을 보는 것이기도 합니다.

어린 시절 참 예뻤던 그때로 돌아가 보시기를 바랍니다. 너무 오래되어서 기억도 잘 나지 않는다고 생각되시면 가장 좋아했던 놀이를 떠올려보셔도 된답니다. 그 놀이를 도구 삼아 공주님이었던 그때로 돌아가 보세요.

내가 제일 자랑스러웠던 그때, 엉성하게 꾸민 내 모습이 세상에서 제일 예뻤던 그때, 혹은 남자아이처럼 옷

[제1장] 모든 여성들은 공주님이다

을 입고 남자보다 더 험악한 행동도 서슴치 않았던 그때, 내 마음이 얼마나 순수했는지요. 사랑받고 싶었기에, 또는 누군가를 너무 좋아해서 순수한 내 마음을 여과 없이 표현했던 그때 나는 얼마나 행복했는지요.

그리고 그때의 결과들이 의외로 참 좋았음을 깨닫게 될 것이랍니다.

"아이고, 이 예쁜 녀석!" 하고 누군가가 볼을 깨물었을 수도 있고, 할아버지나 할머니가 "허허~" 하며 갖고 싶은 선물이나 용돈을 주기도 했을 것입니다.
지나가던 아저씨나 아주머니가 "어머! 너 참 예쁜 아이구나!" 하며 토닥토닥해 줬을 수도 있고 내가 너무 좋아하던 남자아이에게 의외로 나도 네가 참 좋다는 고백을 받았을 수도 있습니다.

세상은 이렇게 자신을 예뻐하는 사람에게 늘 선물을 안겨준답니다.

이것이 공주님이 잘 알고 있는 첫 번째 비결이기도 하

공주님의 우아한 기 살리기

지요.

4. 공주님은 느낌을 다스리지

많은 사람들이 사실과 느낌을 혼동하고는 합니다. 하지만 사실과 느낌처럼 구분하는 것이 쉬운 것은 없습니다.

첫 데이트를 하려고 약속을 잡은 날 비가 옵니다.
따뜻한 햇살이 가득한 화창한 날씨보다 비 오는 우중충한 날씨를 선호하는 사람은 없을 것입니다. 설레임 가득한 마음으로 미리 입을 옷을 준비하고 헤어스타일까지 생각해 놓았는데 비가 오면 첫 번째 내 계획이 흐트러지게 됩니다. 사람들은 습도에 예민하기 때문에 비가 오는 날은 기분까지 가라앉습니다.

설레임 가득했던 마음보다 데이트의 시작이 즐겁지 않습니다. 그리고 느낌은 이때부터 시작이 되지요.
원활했던 흐름이 끊기면서 서서히 느낌이 잠식해가기 시작합니다. 차가 막히거나 갑자기 지나가던 차에 빗물이 튀는 등, 여러 가지 현상들이 연이어 생기고 결국 첫

[제1장] 모든 여성들은 공주님이다

데이트의 설레임은 무참히 깨져 그 사람과의 만남을 다시 고려해보게 됩니다.

첫 번째로 비가 오는 날은 바꿀 수 없는 무엇입니다. 이것은 사실이 되겠지요. 그러나 연이어 나타나는 반응인 비가 와서 첫 데이트의 설레임이 깨져 버린 것 같은 것은 느낌입니다. 이미 "~하니 그런 같아."라는 말 속에 답이 들어 있습니다.

사람의 느낌은 항상 사실보다 더 크게 반응을 하게 됩니다. 그것은 아주 오래전 원시 시대부터 살아남기 위한 생존 전략과 같은 일차적 반응이라 자신이 생각하지 못한 때 저절로 일어납니다.

지금까지 살아오면서 자신의 느낌이 100% 정확했던 적은 없습니다. 오히려 이 느낌이 올바르게 상황을 이끌어 나가는 데 방해가 된 적이 더 많았겠지요.

공주님은 '~느낌이야'라고 할 때 자신을 잘 다스릴 줄 아는 사람입니다. 좋은 느낌이라면 그것을 충분히 즐길 수도 있겠지만 나쁜 느낌이라면 과감하게 너의 느낌에 동참하지 않는다고 말해 줄 수 있습니다.

이렇게 나쁜 느낌이 일어날 때 그것에 더 이상 많은 의미부여를 하지 않으면서 상황을 조용히 지켜볼 수 있습니다. 현재의 상황보다 더 좋은 것은 없습니다.

느낌과 놀지 않으면 현재의 상황이 언제나 나를 친절하게 이끌고 가게 됩니다.

5. 공주님은 뺄셈 천재

공주님은 대단한 능력을 가졌을 것이라 생각하는 사람들이 있습니다. 외국어도 잘하고 좋은 교육을 받고 좋은 덕목을 갖춘 훌륭한 사람일 것이라고 말이지요. 하지만 공주님은 자신의 능력 부족을 수용하는 사람입니다. 자신의 부족한 면을 채우기 위해 노력하지 않습니다.

요즘은 실제 먹고 사는 데 큰 불편함이 있는 생존의 시대가 아닙니다. 지금 나를 위해서 제공된 수많은 편리함을 한 번 보세요.

따뜻하고 편안하게 쉴 장소를 제공하는 집이 있죠.

[제1장] 모든 여성들은 공주님이다

언제든 나와 함께 놀아줄 스마트폰이 있죠.

생각이 나면 향긋한 커피 한잔하며 책을 읽을 만한 공간은 주변 공간에서 쉽게 찾아볼 수 있습니다.

삶의 여유를 돌아볼 시간도 없이 '이렇게 살다가는 나는 뒤처지고 말 거야.'라는 정보의 홍수 속에서 불안해하는 시대가 요즘의 시대입니다.

남들이 앞서나가는 것 같을 때, 나는 그것을 할 수 없다는 불안감에 사람들은 계속 더하기를 합니다.

> "~ 해서 취업에 성공했어요."
>
> "~ 해서 결혼을 잘했어요."
>
> "~ 했더니 돈을 벌었어요."
>
> "~ 했더니 성공했어요."

성공사례의 스토리는 계속 나를 채찍질하기만 해서 무언가 하지 않으면 내 마음이 항상 불안합니다. 그런데 진짜 꿈은 무엇인가요? 나아지기 위해서 한 발짝 더했는데 이제는 또 다른 지옥의 문이 펼쳐지는 그런 것이었나요?

공주님의 우아한 기 살리기

공주님은 더하는 사람이 아니라 뺄셈을 잘하는 천재입니다.

현재 상황에서 내가 빼야 할 것은 무엇인가에 익숙한 사람들이지요.

완벽을 추구하는 건 공주님의 성향이 아닙니다. 완벽할 수 없기에 완벽하다는 것을 알고 완벽하지 않으려 하는 것이 공주님입니다.

그것에 한 가지 더 중요한 팁을 드려보지요.

공주님은 자신의 능력 부족을 알고 수용하는 사람이라고 했습니다. 내게 부족한 능력은 다른 사람으로 채우는 것이 공주님입니다. 공주님은 뺄셈 천재라서 내가 어디까지 할 수 있고 없고를 재빨리 파악하는 사람입니다.

내게 부족한 것은? 다른 누군가가 와서 보상해주는 것이지요.

지금 당신이 빼야 할 것은 무엇인가요?

빼고 가만히 있어도 되는데 힘을 잔뜩 준 채로 더하기를 하고 있진 않은지요? 그렇다면 지금 그 힘을 풀고 가만히 있어 볼까요? 어떤 일이 벌어지는지 한 번 지켜보세요. 뺄셈은 더하기보다 늘 재미있습니다.

6. 공주님은 능동적

공주님은 자신이 즐거워하고 하고 싶어 하는 일에 능동적으로 참여하는 사람입니다. 한 발짝 더 나아가 공주님은 그것을 찾고 즐기는 일에 적극적이기도 합니다.

자신은 항상 능동적으로 무언가를 하고 있다고 말하면서 흥미보다는 억지스럽게 이끌려 가는 사람들을 많이 봅니다.

저는 사람들이 즐거워하는 무엇인가를 찾아주고 흥미를 유발해 주는 것을 좋아합니다. 하지만 그럴 때마다 듣는 한결같은 말이 있습니다.

> "~ 하려면 어쩔 수 없잖아."
> "너는 ~가 되니까 하는 거잖아."
> "나는 지금 ~할 시간적, 경제적 상황이 안 된다구."

하면서 무언가 해 보려는 진실한 마음조차 스스로 꺾어 버립니다.

그러면 제가 항상 묻고 싶은 말이 있습니다.

"그러면 그렇게 좋아하는 건 언제 할래요?"

자신은 능동적이라 생각하지만 실제로는 미래에 있을 자신의 꿈을 위해 수동적으로 무언가를 해야만 하는 것을 선택하는 것이지요.

물론 자신이 해야만 하는 무언가를 당장 버려야만 한다는 것이 아닙니다. 자신이 하고 싶은 일을 할 수 없다고만 믿고 굳게 닫아버린 마음을 조금씩 열어주는 것이 더 중요합니다. 그리고 이것을 하는 데는 마찬가지로 용기가 필요합니다.

자신이 즐겁게 참여할 수 있는 일을 하기 위해 버려야 할 것이 생기고 그것을 버리기까지 시간과 인내심이 필요하기도 합니다.

[제1장] 모든 여성들은 공주님이다

오늘의 즐거움이 없다면 분명 내일의 즐거움도 없습니다. 작은 일이라도 자신이 진심으로 기뻐하고 만족하는 일을 하나씩 해보는 능동적인 태도가 쌓이고 쌓여서 즐거움의 선율을 만듭니다.

왕의 말만 들으며 고분고분 수동적인 태도만 보이는 공주님의 이미지는 버리세요. 현대의 공주님들은 자신의 삶을 위해 능동적으로 참여하고 또 적극적인 리더가 될 줄도 아는 사람들입니다.

오늘의 기쁨을 위해 나는 무엇을 버릴 것인가?
오늘의 기쁨을 위해 나는 무엇을 적극적으로 선택할 것인가?
그것은 다른 사람이 대신해 주지 않습니다.

오직 자신의 선택만이 매일을 기쁨으로 이끌고 갈 뿐입니다.

7. 공주님은 진실을 찾지 않아

"세상에, 이거 진짜야? 정말? 정말?"

사람들 사이에서 술렁이다 한바탕 요란한 소동이 벌어집니다.

진실이란 것은 어느새 자취를 감춰버리고 요란한 소동과 무성한 소문만이 퍼지게 됩니다. 오늘도 어떤 사람들은 진실보다는 무성한 소문이 진짜라는 것을 퍼트리기 위해 무언가를 열심히 합니다.

> ♥ 진실은 알고 보면 아주 단순한 것일 수도 있습니다.
>
> ♥ 진실을 알고 나면 별것 아닐 때가 많습니다.
>
> ♥ 진실을 알고 나면 새롭게 해석되는 것도 많습니다.
>
> ♥ 진실을 알고 나면 미운 사람에게 사랑의 감정이 생기기도 합니다.
>
> ♥ 진실을 알고 나면 또 다른 진실을 알기 위해 고군분투하지 않습니다.

무언가 가장 단순하고 명료한 것이 진실이란 것입니다.

[제1장] 모든 여성들은 공주님이다

 이렇듯 진실은 너무나 단순하고 명료해서 그것이 진실이라고 주장하며 내세울 필요가 없습니다.

 공주님은 진실을 찾지 않습니다.
 사람들은 자신이 모르는 어딘가에 진실이 있다고 믿고 그것을 찾으려고 풍덩 뛰어들어가서 무언가를 열심히 찾습니다.

 진실을 찾지 않는 공주님은 찾지 않고 자신이 알고 있는 것이 진실임을 알고 행하는 사람입니다. 진실이란 고정된 것이 아니라 상황과 때에 맞게 변화하기도 하지만 그 모습을 화려하게 감추는 일이 없습니다.

 사람들이 진실을 찾으려고 요란한 소동을 벌일 때 공주님은 그 안에 잠들어 있는 진실을 보는 덕목과 혜안을 갖춘 사람들입니다.

 앞장서서 나설 필요도 없고..
 내가 맞다고 주장할 필요도 없고..
 내가 진실을 알고 있다고 소문에 풍덩 빠져들어 요란

공주님의 우아한 기 살리기

한 소동을 벌일 일도 없지요.

한 발짝 물러설 줄을 아는 공주님은 지혜로운 사람입니다. 진실은 그 자체로 맑게 스스로를 드러낼 줄 알며 고요하고 조용한 물결과도 같습니다.

어떤 사람이 나의 흉을 찾기 위해 의도치 않은 단점들을 얘기합니다. 과거에 내가 했던 실수나 남이 했던 좋지 않은 말들을 슬쩍 얘기하기도 합니다.
"그게 사실은 말이야.."라고 말이지요.
또는 "이게 다 너를 위한 건데 말이지.." 하기도 합니다.

내게 도움이 안되는 요란한 소동에 풍덩 뛰어들 이유는 없습니다. 그냥 있는 진실 그대로 이야기를 하는 것입니다. 내게 실수가 있었다면 그게 실수였다고 인정을 하고, 남이 선뜻 좋지 않은 나의 이야기를 했다고 해도 '그랬구나...' 하면서 솔직히 인정하고 넘어가 주는 여유를 지니는 것입니다.

만약 기분이 좋지 않다면 양해를 구하고 그 자리를 떠

나거나 단호하게 그 이야기엔 동참하고 싶지 않다고 얘기를 하는 것도 좋습니다.

진실을 찾지 않는 공주님에게 세상은 요란함이나 혼란을 제공하지 않습니다.
이것이 공주님이 지닌 여유이자 덕목이지요.

8. 공주님은 항상 뭐든 슬렁슬렁

'슬렁슬렁', '슬며시', '대충대충' 어딘지 모르게 마음이 불편하고 신경이 쓰입니다. 주변에서 이렇게 슬렁슬렁, 대충 사는 사람들이 탐탁지 않았거든요.

"저 사람은 대충 살아도 잘 되는데 나는 왜 열심히 해도 안 되지?"
자, 답이 나왔습니다. 열심히 했기 때문에 안 된 것이지요. 열심히 살아도 부족하다고 믿는 여러분들에게 이런 말을 해서 미안하지만 열심히 해도 안 될 일은 안 된답니다.

공주님의 우아한 기 살리기

  노력하는 사람이 성공한다는 법칙은 세상에 존재하지 않습니다. 다만 한 가지, 노력하면 성공한다는 이상한 믿음이 사람들의 마음을 지배합니다.

  공주님처럼 살아가는 사람들을 둘러보세요. 원래 타고나기를 공주처럼 타고나서 무엇을 가지려고 애쓰거나 성공하려고 노력하는 것을 본 적이 있나요?

  이렇게 말하는 저도 한때 노력의 여왕이라고 착각한 적이 있습니다. 그러나 인생에서 중요한 순간에 저의 노력이 저를 꼭 성공으로 이끈 적이 없습니다.

  저는 오히려 노력하기를 싫어하는 게으른 사람이었지요. 그렇게 게을러도 대충대충 살았어도 행운의 타이밍은 늘 찾아 왔습니다.

  노력의 여왕이 되어야 한다는 건 남들에게 그럴듯하게 보이기 위한 마음의 위장이었던 것이지요. 공주님으로 살아가는 것보다 덜 미움 받고 덜 평가받을 수 있을 것 같았기 때문이었습니다.

슬렁슬렁 살아가는 것은 행복합니다.

오히려 슬렁슬렁 살아갈 수 있기에 내가 하기 싫은 일은 남이 해주고 내가 하고 싶은 것만 하며 살아가는 삶을 선택할 수 있었습니다.

남들이 슬렁슬렁 일을 해도 미워하지 않는 마음의 여유를 허락해보세요. 슬렁슬렁 일을 해서 함께 마음의 여유가 생긴다면 내가 잘하고자 하지 않아도 일의 방향은 순조로운 바람을 타고 둥실둥실 하늘을 향해 날아오른답니다.

대충 사는 사람은 현명합니다.
그보다 더 슬렁슬렁 항상 마음의 여유를 갖고 웃음 짓는 공주님은 지혜롭지요.

9. 공주님은 애쓰지 않기 위해서만 애쓰지

애쓰지 않기 위해서만 애를 쓴다는 표현이 어렵지요?
몇 번 되내어 볼까요?

공주님의 우아한 기 살리기

> 애쓰지 않기 위해서만 애를 쓴다.
>
> 애쓰지 않기 위해서만 애를 쓴다.
>
> 애쓰지 않기 위해서만 애를 쓴다.

사실은 가장 어려운 일이기도 합니다.

지금까지 우리는 애를 쓰는 법에 대해 더 많이 배워 왔기 때문입니다. 그렇기 때문에 반대로 이것을 하기 위해 돈을 내고 배우기도 합니다.

애쓰지 않기 위해 애를 쓴다는 것은 훈련이기도 합니다. 애쓰지 않기 위해 애를 쓴다는 것은 단계이기도 합니다.

우리가 처음 걸음마를 배웠던 때로 돌아가 보지요.

아이가 한 걸음을 떼기까지는 무수한 시행착오를 반복하게 됩니다.

앉았다가 일어서고..

앉았다가 다시 일어서고..

물건을 짚으며 일어났다가 다시 주저앉으며..

[제1장] 모든 여성들은 공주님이다

앉았다가 다시 일어서고..

앉았다가 일어서서 한 발자국을 떼기 위해 다시 주저앉습니다. 그리고 또다시 처음과 같은 순서를 무수히 반복합니다.

마지막 마침내 한 발짝을 떼게 됩니다.

애를 쓰지 않기 위해 애를 쓴다는 것은 이와 같습니다. 모르는 것이 아니라 우리가 이미 그렇게 하고 있었음에도 어른이 되어가며 잊어버렸다고 생각하는 것입니다.

어른이 되어가며 잊혀져 버린 보물..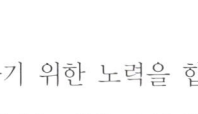

오늘도 꾸준히 무엇인가를 성취하기 위한 노력을 합니다. 저는 노력과 그냥 애를 쓰고 있다는 것을 조금 분리를 해서 보기도 합니다.

노력이란 그 자체로 수고스러워도 많은 힘이 들어가지 않습니다. 노력이란 힘이 들어간다고 해도 고통스러운 경험이 아닙니다.

애를 쓰고 있다는 것이란 힘을 쥐어짜며 고통스럽게

나아가는 것입니다. 마지막 젖 먹던 힘까지 쥐어짜며 사람을 코너로 몰고 나아갑니다.

코너로 몰린 사람은 주저앉는 데 익숙하지 스스로 일어나려는 생각을 하지 않습니다.

이것이 가장 큰 차이점입니다. 다시 한번 아이의 첫걸음마를 생각해보시기 바랍니다.

잊혀졌던 보물을 되찾기 위해서는 훈련이 필요합니다. 저는 이것이 저절로 될 것이라는 생각을 하지 않는답니다.

노력은 하지만 쥐어짜는 것은 아니고, 수고는 하고 있지만 코너로 몰리지 않기 위해 늘 한걸음 뒤로 물러서 후~ 하고 한숨을 내뱉고 다시 시작하는 것이지요.

"할 수 있을까?"

할 수 있습니다.
딱 한 번씩만 뒤로 물러나 숨을 쉬어주기만 해도 그것은 가능하답니다.

10. 공주님은 제멋대로 청개구리

착하게 순종하며 살아야 복이 온다는 우화들이 그렇게 살 만 하니까 그렇게 살게 되더라는 반대의 이야기로 뒤집히는 경우를 많이 봅니다.

제멋대로 청개구리란 말에 왠지 통쾌함을 느끼지 않았나요? 저는 이 책을 쓰면서 제멋대로 청개구리로 살아도 된다는 말을 한다는데 속이 시원합니다.

공주님은 제 멋대로 청개구리입니다.
이 말은 우리가 흔히 알고 있는 도덕 규범을 지키지 않는다거나 교양 없는 행동을 마구 해도 된다는 이야기가 아닙니다. 나에게 좋은 것을 내 멋대로 해석해도 괜찮다는 것입니다.
우리는 살아오면서 충분히 교양 있는 사람이 되기 위한 노력을 해 왔고 잘한다는 칭찬보다 이렇게 하면 안 된다는 부정적인 교육을 더 많이 받고 자랐습니다.

저도 제 자신에게 꽤 엄격한 사람이었습니다.

공주님의 우아한 기 살리기

엄격하나가 못해 '이것을 하면 안 된다.', '저것을 해도 안 된다.'는 부정적인 판단이 앞서기 시작했지요. 그러나 그렇게 사는 동안은 제 얼굴에서 미소가 사라졌고, 사람들에게 냉소적인 차가운 얼음 여왕이 되어 있었답니다.

얼음 여왕보다는 우리는 철없이 예뻐 보이는 공주님을 더 좋아합니다. 공주님은 내가 어떤 말을 해도 웃어넘기는 여유가 있고 함께 있으면 즐겁습니다.

"저 사람은 성격이 제멋대로인데 참 매력적이란 말이지." 하며 이끌려서 어떤 사람을 좋아해 본 적 없나요?

공주님의 '제멋대로 뻔뻔함'은 언제나 사랑스럽습니다. 어쩌면 우리가 가장 소망하는 무엇은 세상을 판단 없이 내 멋대로 해석하며 좋은 것만 보며 살았던 철부지 어린 시절로 돌아가는 것이 아닐까 생각합니다.

아이들은 손에 꼭 쥔 장난감에 흥미를 잃으면 곧 다른 장난감으로 주의를 돌립니다.

[제1장] 모든 여성들은 공주님이다

　내가 좋아하는 것을 좋아한다고 말하고 싫어하는 것을 싫어한다고 말을 하는데 머뭇거리지 않습니다. 그런 아이들이 세상을 모른다고 미워해 본 적이 있으신가요?

11. 공주님은 롤모델 따위는 안 키워

　인생에서 '롤모델'이 없으면 큰일 날 것 같은 사람들을 많이 봅니다. 대부분은 성공한 인생을 사는 유명인을 롤모델로 많이 삼지요.
　성공을 얘기하는 많은 서적에서도 롤모델은 빠지지 않고 등장하고는 합니다.

　자, 그럼 질문 하나를 하겠습니다.

　"여러분은 롤모델을 따라 해서 그렇게 되어 본 적이 있나요?"

　없습니다. 이 대답도 매우 간단합니다.

자신이 아닌 타인이 롤모델이 되어서는 안 되는 것입니다.

이 얘기는 이미 많이 들어서 지겹나요?

이미 많은 얘기를 들었는데 또다시 마음이 동요되어서 그럴듯한 이야기를 롤모델 삼아 노력하고 있는 당신을 바라본 적은 없나요? 저는 충분히 많은 사람들이 이것을 습관적으로 반복하고 있다고 생각합니다.

인생에서는 그럴듯한 방향성이 있어야 한다고 생각하고 그럴듯한 방향성을 찾기 위해서는 롤모델로 삼을 아주 중요한 한 사람을 등장인물로 삼고는 합니다.

어릴 적에 봐왔던 만화 주인공이 롤모델이 될 수도 있고, 청소년기에 듣고 보고 자란 또래나 유명인, 내가 꿈꾸던 일을 성공시킨 한 사람이 되기도 합니다.

이렇게 롤모델이 마음의 위안과 희망을 주기도 하지만 결정적으로 롤모델은 정작 나와 만나본 적이 없는 환상 속의 인물인 경우가 많습니다.

그 사람의 일거수일투족을 함께 나눴다면 과연 롤모

[제1장] 모든 여성들은 공주님이다

델로 정했을까요?

사람은 가장 가까이에 있는 사람을 롤모델로 정하는 경우가 드물답니다. 지금껏 만나왔던 사람들 중에서 롤모델이 어머니, 아버지였던 경우는 드물었습니다. 오히려 부모님처럼 살기 싫었는데 부모님처럼 살아가는 자신의 모습을 자꾸 보게 됩니다. 그중에서 롤모델이 자신이라고 자신있게 얘기한 사람은 거의 없었습니다.

단, 한 가지 롤모델이 없는 사람들은 무엇을 해도 자신감이 넘치고 사랑받는 예쁘고 멋진 사람이었다는 것만 기억할 뿐입니다.

그렇다면 이제 '롤모델'이라는 단어를 머릿속에서 지워버리세요. 아무도 당신에게 롤모델처럼 되라고 강요한 적이 없습니다.

스스로가 부족하다고 생각해서 더 나은 사람으로 칭찬받으며 살고 싶어서 키워온 환상일 뿐이니까요.

자, 하나 둘 셋! 하면 머릿속에 자리 잡았던 롤모델이 사라집니다.

"하나 둘 셋!"

무언가 텅 빈 공간이 생겼습니다.

그 텅 빈 공간을 다시 채우려고 하지 말고 그렇게 텅 빈 공간이 스스로 마음껏 변화될 수 있도록 마음 놓고 놔두시기를 바랍니다.

인생에서는 다양한 상황에 따라 사람이 변합니다. 늘 한결같고 늘 그대로인 사람은 아무도 없습니다. 그러니 다양한 상황과 분위기에 맞게 변신하는 공주님은 참 아름답겠지요.

공주님은 롤모델을 키우지 않습니다. 늘 자신이 가장 아름답다는 것을 알기 때문에 롤모델은 공주님의 머릿속에는 없었습니다.

12. 공주님은 격언 따윈 배워본 적 없어

사람들은 격언을 참 좋아합니다.

격언은 그 자체로 인생을 현명하게 살아가는 데 도움

[제1장] 모든 여성들은 공주님이다

이 되는 것은 맞습니다.

지금도 누군가를 훈계하기 위해, 또는 자신의 인생 지침을 세우기 위해 격언을 인용하고 격언을 공유하는 이들이 많습니다.

가장 재미있는 예는 카카오톡 프로필 사진을 격언으로 올리거나 자신의 SNS에 격언을 올리는 경우입니다. 이런 격언은 그 자체로 사람들에게 공감을 불러일으키고 가끔 그 격언에 사람들이 공감을 해 줄 때, 나는 그런 사람이 된 것 같아 기분이 좋기도 합니다.

공주님은 격언에는 조금 무심한 사람이랍니다.

격언은 사람을 올바르게 이끌어주기도 하지만 지나치게 의존할 경우 그 사람을 한 가지의 틀로 고정시키는 특성도 있습니다.

격언이라는 것은 사람들의 무수한 발자취에서 발견된 어떤 것이지 그 격언 자체가 그 사람의 모든 것을 반영하는 것이 아닙니다.

가끔 훌륭한 격언을 남겨 감탄스러웠던 사람에게서 실망스러운 모습들이 곳곳에 발견되기도 합니다. 만약

공주님의 우아한 기 살리기

너무나도 뜻깊은 격언을 마음에 새기고 살아왔는데 어느 날 그 격언이 맞지 않음을 발견한다면 그때는 어떻게 하실 건가요?

분명 제일 처음 그 격언을 너무 훌륭하게 생각한 자신을 먼저 탓할 것입니다. 그렇게 자신을 탓하지 않아도 되는데 말이지요.

격언이라는 것도 나의 삶의 발자취 속에서 이동을 합니다. 어느 날은 이 격언이 훌륭해 보였다가 또 내일이면 그 격언이 형편없이 느껴지기도 하는 것입니다. 그렇게 바뀌어 가는 것이 정상이랍니다.

그렇다면 타고난 공주님은 어떨까요? 공주님은 그 자체로 격언을 말하는 사람입니다.

남의 격언을 배우고 그것을 지켜야 하는 것이 아니라 이미 공주님의 성품과 태도와 말이 곧 격언이 됩니다. 내가 하는 말이 격언이 되고 내가 하는 행동이 다른 사람의 모범이 된다면 품위가 곧 생명입니다.

남에게 잘 보이려고 거짓으로 베푸는 온정이 아니라

공주님은 이미 온정을 베풀며 자라왔기 때문에 그것이 곧 자신임을 너무나 잘 아는 사람입니다. 품위라는 것은 화려함으로 포장해서 빛나는 것이 아니라 그 사람의 따뜻한 온기 속에 저절로 빛나는 것이지요.

지금 카카오톡 프로필이나 자신의 SNS를 격언으로 포장했다면 그것부터 지워보세요. 그리고 자신만의 가장 훌륭한 격언을 만드는 것입니다. 세상 그 누가 뭐라 해도 나는 그렇게 품위를 지켜온 공주님이니까요.

가장 예쁜 자신의 모습을 담고 누군가는 훌륭하다고 생각할 만한 격언을 남겨보세요.

그렇게 공주님이 되어 품위를 잃지 않으면 세상 사람들이 더욱 따뜻한 온기로 보답을 할 것입니다.

인생에서 격언에 너무 얽매이지 마세요. 격언에 얽매이며 살아갈수록 자유로움과는 멀어지게 된답니다.

13. 공주님은 무사태평

공주님의 우아한 기 살리기

"너 참 한량이구나!! 지금 잠이 오니?"

어릴 적 부모님으로부터 또는 나의 친한 누군가로부터 이런 말을 들어 봤을 것입니다. 또는 누군가를 걱정하면서 내가 반대로 이런 이야기를 한 적도 있겠지요.

무사태평이라는 말은 아무 탈 없이 편안하다는 뜻이자 때로는 아무 걱정 없이 놀기만 하는 사람을 비꼬는 말로 쓰이기도 한다고 합니다.

무사태평..

여성분들에게는 참 힘든 말입니다.

남성들보다는 조금 더 복잡하게 생각하고 조금 더 불안을 느끼며 살아가는 특징을 가졌기도 하지요. 저도 같은 여성이라 무사태평이라는 말은 참 멀게만 느껴졌었답니다.

이런 말을 쉽게 하는 사람이, 또 그렇게 쉽게 되는 사람이 밉기도 했습니다.

그러나 모든 일이라는 게 순서와 단계라는 것이 있는

[제1장] 모든 여성들은 공주님이다

것입니다.

무언가를 빨리 끝내고 싶은 압박에, 무언가를 지금 해 놓지 않으면 큰일 날 것이라는 미래에 대한 투영에 끝없는 불안함을 생산해내고 있습니다.

그런데 참 재밌는 것은 불안하다고 해서 이루어지는 일도 없고, 불안하다고 해서 더 빨리 되는 일이라는 게 없다는 것입니다.

현실의 상황과 불안함이란 늘 별개지요.

저는 특히 이 불안함이 심할 때면 잠을 잘 못 이루는 불면증이 심했었답니다. 언제쯤 내가 마음 놓고 두 발 뻗고 편히 잠을 잘 수 있을까? 어릴 적엔 참 편했던 거 같은데 성인이 되면서 점점 불안함의 강도가 심해지고 있었지요.

지금 한량처럼 편안히 잠을 잘 자고 계신 분들 많은가요? 잠이 오거나 말거나 나는 그냥 놀지 뭐! 하면서 상관 안 해 본 적 있으신가요?

현대인들에게는 참 쉽지 않은 숙제입니다.

공주님의 우아한 기 살리기

하루 이틀 불안함을 마주하는 훈련을 하다 보니 불안함이라는 게 별게 없었습니다. 신체적으로 불편함을 느끼기는 했지만 불안함을 마주한다고 해서 큰일 날 일이란 전혀 없었답니다. 오히려 마주하고 마주할수록 별것 없었다는 것을 알게 되면서 자신을 조금씩 편안하게 놓아줄 수 있었지요. 그러다 보니 옛 시절의 무사태평함이 다시 되돌아오고 있었습니다.(p173 참조)

무사태평이라는 너그러움은 오로지 자신만이 자신에게 줄 수 있습니다. 때로는 무사태평한 이들이 노력하는 사람들을 훌쩍 뛰어넘기도 하지요.

세상엔 3가지의 종류의 사람들이 있다고 합니다.
1) 멍청한 사람 2) 똑똑한 사람 3) 운이 좋은 사람

똑똑한 사람은 멍청한 사람을 지배하고 무수한 사람들이 똑똑한 사람이 되기를 원해서 그것을 향해 나아가지만, 그 위를 뛰어넘는 것은 바로 운이 좋은 사람들이라구요.

어쩌면 참 허무한 말이지만 운이 좋은 사람들이 반드

시 똑똑한 사람들이 아니란 것에 위안이 되기도 합니다. 그렇다면 무엇이 사람의 운을 좋게 만드는 것일까요?

운이 좋은 이유는 무엇일까를 생각해봤습니다.

바로 가끔씩 '될 대로 되라' 식의 무사태평이라는 여유가 그 운을 덜컥 손에 쥐어주는 것이 아닐까 생각한답니다.

공주님이 내일을 위해 전전긍긍하며 불안해하고 있다면 그것도 어울리지 않는 모습이겠지요. 내일은 내일에 맡겨두고 오늘의 평온함을 즐기는 공주님의 삶.

오늘도 저는 무사태평한 하루를 살 수 있기에 참 행복하답니다.

14. 공주님은 민폐녀

우아한 공주님이 사실은 민폐녀라뇨?

남에게 민폐 끼치는 것은 공주님이 할 수 없는 일이라 생각합니다.

공주님의 우아한 기 살리기

"남에게 신세 지는 것은 있을 수가 없어요."

콧대를 높게 세우고 '나는 그런 일 벌이지 않을 거야' 라고 굳게 다짐을 하시는 분도 있을 것입니다.

여성들에게 민폐녀가 되라는 말은 쉽지 않습니다.

그런데 그것을 알고 있나요? 민폐 끼치기 싫어하는 그 마음이 다른 사람에게 더 큰 민폐가 되고 있다는 사실이요.

사람은 사회적으로 유기 관계를 맺으며 살아갑니다.

'나는 절대 남에게 민폐가 되지 않을 거야!'란 것은 있을 수 없습니다. 항상 우리는 누군가에겐 민폐를 끼치고 또 그 민폐를 받으며 살아갑니다.

절대로 민폐 끼치지 않으려 했던 마음과 일들이 커져서 결국 가장 가까운 사람을 상처 입히고 자신에게마저 상처를 주게 된 경험은 없으신가요?

좋으면 좋다고 싫으면 싫다고 한 번의 말로 끝나도 될 것을 둥글둥글 돌려서 수습할 수 없는 상황으로 몰고 간 뒤 "나는 몰라!"하고 내 던진 적은 없으신가요?

그렇게 수습할 수 없는 상황에 간 사람들을 주변 사람들이 대신 수습해주는 경우는 의외로 많습니다. 그런데도 괜한 자존심에 당신은 내 맘을 몰라준다고 뾰루퉁! 토라져 버리게 됩니다. 상처받기 싫고 민폐녀라는 타이틀을 얻기 싫은 사람이 마지막 자존심을 세우는 것이지요.

민폐란 무엇인지를 아는 공주님은 현명합니다.
분명하게 내가 좋은 것은 좋다고 얘기하고 싫은 것은 싫다고 얘기한 뒤 상황을 수습할 줄 아는 공주님이야말로 가장 적은 민폐를 주는 사람이지요. 당당하게 민폐녀가 된 공주님은 누군가 민폐를 끼칠 때 그것을 받아 주는 용기와 여유를 가진 사람입니다.

15. 공주님은 머슴들을 포상하지

남자친구와 일본에 가서 일본 친구들과 파티를 즐기고 왔던 한 친구가 재미있는 이야기를 합니다. 남자친구가 화장실 앞에서 자신의 짐을 들어주는 모습에 일본인 친구들이 너무 놀라워했다는 것이지요.

공주님의 우아한 기 살리기

"세상에 여자의 짐을 들어주는 남성이라니! 한국인은 정말 놀라워!"

일본에 대해서는 잘 모르지만 그때 일어난 그 작은 사건은 꽤 큰 문화적 충격이었나 봅니다.

이 글을 읽는 독자분들은 어쩌면 그 정도는 당연한 것이라고 생각할지 모르겠지요.

공주님이 된 친구는 일본인 친구들에게 한없는 부러움의 대상이 되었고, 영웅이 된 남자친구는 일본 여성들에게 세상에서 둘도 없는 멋진 남성이 되어 온갖 대접을 다 받고 왔다고 합니다.

공주님은 자신에게 친절을 베푼 머슴들을 포상할 뿐 머슴들에게 잘 보이려고 노력하지 않습니다. 공주님의 눈길과 친절 어린 웃음만으로도 행복한 머슴들이 많기 때문이지요. 또한 공주님에게 선택된 머슴은 영웅이 되거나 왕자님처럼 대접을 받기도 합니다.

제가 세상과 너무 먼 다른 얘기를 했나요?

문화적, 사회적 환경이 저마다 다르기는 하지만 전

[제1장] 모든 여성들은 공주님이다

세계 어디를 가 봐도 공주님 대접을 받는 사람들은 공주님 대접을 받습니다. 내가 대접해야 할 왕자님을 옆에 두는 것 보다는 나를 공주 대접해주는 머슴들과 함께 있는 것이 훨씬 기분이 좋습니다.

겸손함을 갖추고 교양이 있는 여자는 그러지 말아야 한다는 편견도 버려두세요. 반대로 씩씩하고 독립적인 여성상을 추구할수록 남이 베푸는 친절을 과도하게 해석해 모든 것을 자신 안에서만 해결하려고 하지요.

현대는 과도하게 자신감이 넘치는 사람보다 자신의 능력이 부족해서 더 나은 사람이 되려는 사람들로 넘칩니다. 특히 여성들의 사회적 진출이 늘어나고 남성과의 경쟁에서도 유리한 조건들을 갖추기 시작하면서 상대적으로 작아진 남성들을 많이 보게 됩니다.

어느 쪽이 우위라는 것을 가리자는 뜻은 아닙니다.

제가 아는 남성들은 늘 친절했고 작은 성의라도 베푸는 것을 좋아했으며 "네가 힘들면 기꺼이.."라며 궂은일도 마다하지 않았습니다.

어쩌면 남성들보다는 훨씬 작은 체구에 어린아이처럼

덜렁대는 성격을 가지고 있어시었을지도 모릅니다.

"힘든 일은 내가 해줄께."라고 자청하는 남성들을 보면 환하게 웃으며 "그럼 기꺼이 맡겨드리지요." 답하고 웃어 준 것이 제가 한 일의 전부입니다.

그리고 가볍게 제가 해 줄 수 있는 것들을 해 줍니다.
방긋방긋 웃으며 기뻐한다거나, 가볍게 차를 대접한다거나, 눈을 마주치며 살짝 고마움을 표시한다거나, 내가 할 수 있는 최선을 것들을 해주면 그것으로 모두 좋았습니다. 그러면 가끔은 사람들이 세상에서 둘도 없는 능력남이라고 그에게 감탄의 시선을 보내기도 합니다.

내가 할 수 없는 일이기에 누군가가 대신해 주는 것이 좋았고, 또 그 일을 대신 해 주는 이들에게 믿고 맡기는 것은 기쁨이었습니다.
반대로 모든 것을 내 뜻대로 하려고 완벽을 추구했다면 세상이 베푸는 친절을 경험하지 못했겠지요.

때로는 도움을 요청했는데 거절을 당할 수도 있습니다. 그것도 좋습니다.

[제1장] 모든 여성들은 공주님이다

   그 친절은 나에게 과도했거나 너무 큰 친절을 요구했을지도 모릅니다. 어쩌면 내가 스스로 할 수 있는 무언가를 발견할 수도 있고 그 일을 계기로 더 좋은 사람을 만날 수도 있습니다.

   내가 못하는 것을 남도 못한다면?

   오, 좋아요!

   그것이야말로 서로가 서로를 나아가게 하기 위한 원동력이 되니까요.

   오늘도 세상 곳곳에서 만나는 머슴들을 포상합니다.
   공주님을 대접한 영웅이 되기를 축복하며 자신 안에 잠재된 능력들을 마음껏 발휘하기를 바라며..

   저는 오늘도 세상 곳곳에 축복과 포상이라는 씨를 뿌립니다.

공주님의 우아한 기 살리기

16. 공주님은 외롭기에 행복해

한 때 '공주는 외로워'라는 노래가 유행을 한 적이 있었습니다.

때로는 자신을 질투하는 여성들의 시선이 자신의 여린 마음을 아프게도 한다는 구절이 와 닿았습니다. 공주님의 마음은 항상 순수하고 여리니까요.. (웃음)

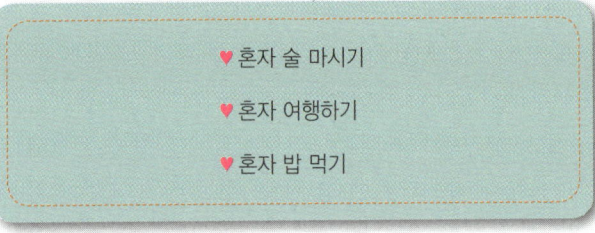

♥ 혼자 술 마시기

♥ 혼자 여행하기

♥ 혼자 밥 먹기

혼자 노는 문화가 확산되기 훨씬 이전부터 저는 혼자 노는 것을 좋아했습니다.

혼자 돌아다니다가 문득 너무나 먹고 싶은 게 생기면 덜컥 가게 안으로 들어가 아무렇지 않게 음식을 주문하고 맛있게 먹다가 왔었습니다. 또 여럿이 함께 우르르 몰려다니는 쇼핑보다는 여럿이 함께 가도 시간을 정해놓고 각자 실컷 하고 싶은 쇼핑을 하는 것을 택하고는 했습니다.

지금은 아무렇지 않은 혼자만의 놀이 문화를 주변 사람들은 걱정 어린 시선으로 바라보고는 했지요.

"그렇게 혼자 놀다가는 외롭게 혼자 쓸쓸히 늙어가게 돼. 특히 여자는 혼자 그렇게 놀면 연애도 못 한다."

그런데 정말 그랬을까요?

지금은 이런 조언을 했던 이들이 제게 더 부쩍 외로움을 호소하는 경우를 더 많이 봅니다.

외롭게 쓸쓸히 늙어가지 않기 위해 더 많은 사회활동을 하고 주기적으로 친구들과 연락을 하며 만남을 이어가던 사람들이 외로움을 택했던 저보다 더 큰 외로움을 느끼는 것은 무엇일까요?

혼자 노는 문화가 확산되는 지금 좀 다른 생각을 합니다. 사람들은 외롭지 않기 위해 혼자 놀기를 즐기는 또 다른 역할 놀이를 하는 것이 아닐까란 생각을 합니다.

혼자 놀기라는 이름 아래 SNS에 사진을 올리며 서로 소통을 하는 끊임없는 활동은 계속됩니다.

가끔 제게 친구도 없고 혼자라서 너무 외롭다는 분들이 찾아옵니다.

나의 마음을 주변 사람들이 알아주지 않는다며 스스로 문을 걸어 잠그고 도통 나오지 않으려 하는 것입니다. 그런 저는 아직 진짜 외로움을 알아가기엔 한참 멀었다고 얘기를 해 줍니다.

외로움은 외부와의 소통을 끊고 단절하는 것이 아닙니다. 누군가에게 나 외로우니 외로움을 알아달라고 그저 그런 소통을 하는 인스턴트식 관계도 아닙니다.

혼자 있는 게 너무나 좋다고 하지만 혼자만의 시간을 진정으로 즐기는 이들은 소수입니다.

만일 혼자가 되는 것이 겁나지 않는다면 한 번쯤은 내 손에서 모든 걸 놓아둔 채 스마트폰도 잠시 놓아두고 소통을 하지 말아보세요.

어떤 일이 벌어질까요? 곧 세상과 단절된 느낌에 엄청난 불안감이 다가올 것입니다. 지금 당장 스마트폰을 놓고 또 다른 세상을 단 3일만 맞이해보라고 해도 사람

[제1장] 모든 여성들은 공주님이다

들은 불안감에 휩싸일 것입니다.

사실은 단절되지 않았습니다.
그 시점부터 눈을 뜨고 세상을 바라보면 엄청나게 재미있는 일들이 벌어집니다. 세상과 소통을 하는 또 다른 문이 열린 것입니다.

저는 가끔씩 해외를 나가면 이런 것을 자주 합니다.
그 나라의 언어를 몰라도 영어를 못해도 손짓, 발짓으로 소통해 나가면서 나에게 준 선물들을 전부 받아줍니다. 잠깐의 사이에 친구가 생기기도 하고 언어가 안 통해서 이런저런 물건들을 사고팔기 위해 상인들과 벌이는 에피소드들도 사랑합니다.
'우와, 이거 굉장히 곤란한데..'라는 표정을 지으면 제각기 다른 방식으로 반응해주는 사람들이 참 재미있습니다. 왜냐하면 저는 스마트폰으로 지도를 펼쳐서 맛집을 찾아다닌다거나 유명한 곳을 찾아다니는 일을 잘하지 못하는 데다 꽤 어려워하기 때문입니다. 그 대신 내겐 현지인이라는 친구들이 있습니다. 때론 안내자들이 있습니다.

물론 해외여행을 위한 간단한 팁과 언어를 공부하지 말아야 한다거나 요즘 성능이 좋은 번역기를 사용하지 말라는 얘기는 아닙니다.

친구가 없을까봐..
나를 이해해주고 알아주는 이들이 아무도 없을까봐..
그런 걱정쯤은 잠시 놓아두세요.

내게 친구였던 사람은 언제든 다시 나와 만나게 되어 있고 나이가 많든 적든, 성별의 차이가 있든 없든, 인종과 국가를 뛰어넘어 친구는 내가 발길 닿는 그곳에 늘 존재한답니다.

외롭기에 행복하고 싶다면 자신이 익숙한 환경보다 자신이 낯설었던 환경으로 나아가보세요. 그리고 그곳에서 잔뜩 심각한 표정을 하고 후~ 하고 한숨을 내쉬며 낯선 이에게 내 고민을 털어놓기도 해보세요.

때로는 나를 잘 알지 못하는 이들이 나를 더 잘 이해해주는 법이니까요.

17. 공주님은 관계 다이어트만 하지

인맥관리.

살아가는 데 있어서 정말로 빠질 수 없는 중요한 요소입니다. 그런데 사람들은 또 많은 인간관계를 힘들어하고 또 어려워합니다. 어떻게 하면 더 많은 사람들과 잘 어울릴 수 있을까를 고민하고, 혼자만 지내고 싶다가도 끊지 못하고 질질 이끌리는 관계들에 자신만을 자책하게 됩니다.

한 번쯤 모든 것을 놓고, 모든 관계를 정리하고 툭! 떠나버리고 싶게 되는 날이 있습니다.

그렇다면 지금부터 관계 다이어트를 할 때입니다.

살아가는데 인간관계는 필수적인 요소이지만 모든 인간관계를 꼭 좋은 방향으로 이끌고 갈 필요는 없답니다. 나에게 득이 되고 나에게 해가 되는 그런 관계는 파악해서 적당히 정리하는 요령도 필요하지요.

공주님의 우아한 기 살리기

　이기적으로 나에게 좋은 사람들만 만나고 관계를 맺는다고 해서 나쁜 사람이 되는 것이 아니랍니다. 특히 요즘처럼 온라인으로 쉽게 사람들과 관계를 맺는 시대에는 인맥은 곧 인기이고 부의 상징이기도 합니다. 그래서 너도 좋고 나도 좋자는 식으로 과도한 친절과 과도한 베풂을 하는 사람들을 종종 보게 되고는 합니다. 그런데 베푼 만큼 나에 대한 인정으로 돌아오지 않을 때의 기분은 어떠한가요? 혹은 내가 한만큼 너도 그렇게 해주기를 바라는 마음에 과한 친절을 베풀고 있지는 않은지요?

　사람들의 관념 속에는 힘들 때 나를 도운 사람에겐 반드시 보답을 해야 한다는 생각과 내가 잘살고 못 사는 것은 힘들 때 나를 도와주는 사람이 얼마만큼 있느냐에 따라 평가를 하기도 합니다.

　이제부터 그렇게 스스로를 평가하는 것부터 잊어버리세요. 반드시 누군가에게 보답을 해야 한다는 답도 없으며, 귀인이란 원래부터 귀인이 아니라 뜻하지 않은 때 뜻하지 않은 장소에서 서로 귀인이 되어 살아가는 거랍

[제1장] 모든 여성들은 공주님이다

니다.

  관계란 것은 늘 변화하는 것이 당연한 것입니다.

  변화 속에서 관계를 맺고 성장하는 게 사람들의 자연적인 모습이며 나에게 좋은 관계만 선택해서 맺는다고 해도 평판이 나빠질 일이 전혀 없답니다.

  오히려 나에게 좋은 관계만 선택했을 때 사람들은 여유로워지고 느긋해집니다.

  친절은 이렇게 자연스럽게 나오는 것이며 자연스러운 친절 속에서 배려와 존중은 당연한 것이 됩니다.

  관계 다이어트는 나를 위해서도 타인을 위해서도 꼭 필요한 요소랍니다.

  지금부터는 나에게 좋은 사람들과 나에게 좋지 않은 사람들을 구별해보고 끌려가지 않는 관계에 대해 고민해보세요.

  나의 속삭임에 귀 기울이면 생각보다 쉬운 답들이 보입니다.

18. 공주님은 자기편이라 반성 절대 안 해

'내가 잘하고 있는 걸까?'
'이것을 잘못하면 어떻게 하지?'

너무나 많은 눈치를 보고 이것을 생각하고 판단하는데 시간을 소요하느라 정작 해야 할 것을 하지 못하는 경우가 많습니다.

제일 먼저 손해를 보는 것은 자기 자신입니다.
하지 못했다는 자책과 함께 자신을 더 비관적으로 만들게 됩니다.

반성은 사람을 성장시키고 나아가는 힘을 만들어내지만 이것이 지나치면 감옥처럼 갇혀서 옴짝달싹할 수 없는 신세가 됩니다. 학교에 다닐 때 반성을 하라는 말은 많이 들었어도 실수와 잘못을 통해 한 발짝 나아가는 방법에 대해서는 배우지 못한 경우가 많습니다. 이것은 많은 시행착오와 누군가의 진실 어린 사랑이 필요한 긴 작업이었으니까요.

[제1장] 모든 여성들은 공주님이다

저는 사람들이 본래 선한 마음을 갖고 있다고 봅니다. 그래서 너무 지나친 반성을 하는 것을 좋아하지 않습니다. 오히려 지나친 반성을 통해 사람의 마음은 좁아지고 찌그러져서 너그러움을 허용할 여유가 없어졌다고 생각합니다.

본래 반성을 하지 않아도 괜찮다면 우리는 어떻게 변할까요? 질서는 엉망이 되고 혼란을 가져올까요? 각자를 생각하는 마음에 사회에는 아무런 관심을 기울이지도 않을까요?

오히려 그 반대일 수 있습니다.
질서가 없어 보이는 자연 생태계에도 늘 질서란 존재했으며 그것들은 그냥 놔두어도 서로를 협력하고 도우며 성장하고 진보하는 방향으로 나아가게 됩니다.

지금 이곳의 질서가 다른 어떤 세상에서는 전혀 통하지 않기도 하며, 통제를 하지 않는 자유를 주면 범죄율이 낮아진다는 예들도 찾아볼 수 있습니다.

공주님의 우아한 기 살리기

유독 자기 자신에게만 엄격하고 반성하는 자세를 지녔다면 그냥 괜찮다고 휙! 딘져보는 것은 어떨까요? 원래부터 반성이란 것은 없었던 것입니다.

반성이란 글자를 지우고 "반성은 좋아하는 사람이나 실컷 하시지요!" 해버리는 것입니다.

실수를 허용하고 크고 작은 일들에서 선택할 수 있는 범위들이 더욱 넓어지지 않나요?

제일 먼저는 자신에게 관대해지고 포용력이 생기는 것을 발견할 수 있을 것입니다.

모든 사람들이 자기반성을 통해 성장하고 성공해나가는 것은 아니랍니다.

제멋대로 굴기 방식.. 내 맘대로 하는 게 곧 나야.. 하는 자세들에서 뜻하지 않은 아이디어가 나오기도 하며 그것이 큰 성장을 만드는 계기가 되기도 합니다. 개인의 성장은 특히 이러한 의외성에서 두드러지게 나타나는 경우가 많습니다.

당신은 충분히 괜찮습니다.

반성을 하지 않아도 좋은 사람이고 반성을 하지 않아도 넉넉한 인심을 품은 공주님입니다. 세상에서 둘도 없는 자기편은 바로 자신 한사람입니다.

그러면 그 사람의 편에 서서 지지를 해주는 게 세상이기도 하지요.

19. 공주님은 스스로 반짝반짝

"반짝반짝 빛나는 예쁜 여성들을 보면 너무나 미운 생각이 들어요. 대체 무엇이 그렇게 잘났기에 세상을 그렇게 마음껏 활보하는 거죠? 이건 불공평하다구요."

세상엔 나보다 예쁘고 멋지고 잘난 여성들이 참 많습니다.

하루가 다르게 성형이나 미용에 대한 새로운 정보들이 쏟아져 나오고 있고, 연예인 못지않은 예쁜 여성들은 오늘도 당당하게 거리를 활보합니다.

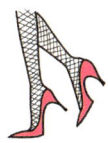

이런 생각에 벌써 기가 죽나요?

타고 나기를 예쁜 여성들이 있는데 내가 도전장을 내밀기엔 너무 형편없어 보이기도 하지요. 또 그렇게 가꾸어도 항상 앞서나가는 여성들은 있기 마련이구요.

그런데 이렇게 기가 죽어서 질투를 하는 것만이 답은 아니랍니다. 예쁘고 멋진 여성들만이 꼭 사람들에게 인기가 많은 것도 아니며, 오히려 나보다 못해 보이는 사람들이 인기가 더 좋은 경우도 쉽게 볼 수 있습니다.

참 아이러니하지요. 대체 이유가 뭘까? 궁금하기도 하구요.

사람들은 저마다 반짝반짝한 부분을 지니고 있답니다.

한 발짝 앞서 유행을 주도하고 한 발짝 앞서서 쉽게 인기를 얻는 그녀들은 특별한 비법을 가졌다기보다는 자신 안의 반짝임을 깨운 사람들이랍니다.

이것을 스스로 일깨운 사람도 있고 고대의 마법처럼 비밀스런 자신만의 의식을 통해 일깨운 사람들도 있습니다.

[제1장] 모든 여성들은 공주님이다

이 반짝임은 사람의 눈에는 보이지 않지만, 사람들은 무의식적으로 누가 반짝이는 보석인지 알고 있습니다. 그래서 한 번 더 눈길이 가고, 한 번 더 호감이 가고, 다가가고 싶게 만들고, 다가서기 위해 노력하게 만들지요. 그녀들은 어떻게 봐도 한 수 위입니다.

> 사랑을 구걸하지도 않고,
> 사랑을 받는 것을 당연하게 생각하며,
> 사랑을 주는 것도 아끼지 않고,
> 사랑을 위해 아무런 노력을 하지 않습니다.

스스로 반짝반짝 빛나는 사람들의 특징입니다.

오늘부터는 예뻐지기 위해 노력하는 대신, 스스로 반짝반짝 빛나는 부분을 깨우기 위한 주의를 기울여보시기 바랍니다. 그리고 그 비법은 이 책 안에 모두 담겨 있습니다.

20. 꿈에서 깨어나 현실을 사는 공주님

꿈을 이루며 산다는 것이 무엇인가요?
꿈을 이루며 살 수는 있는 건가요?
어떻게 그렇게 살 수 있나요? 당장 내 앞에 해야 할 일이 너무 많은데요.

자신의 꿈을 위해 많은 분들이 오늘도 노력을 하고 있다는 것을 압니다. 또한 자신의 꿈을 이루기 위해 많은 것들을 희생해왔음에도 꿈을 이루기 바로 직전에서 좌절을 해 본 적도 많을 것입니다.

저도 그 과정을 모두 경험해봤습니다. 그리고 지금은 제가 꿈꾸었던 일을 하면서 꿈꾸었던 삶을 향해 나아가고 있답니다.

현실 속에서 좌절하고 포기하고 싶었던 순간이 있었고 또한 여전히 그 순간을 맞이하고 있지만 이제 이것은 제 삶의 일부의 과정이란 것을 잘 알고 있답니다.

그렇기에 꿈에서 깨어나 현실을 살면서도 꿈꾸었던 삶으로 나아갈 수 있는 것이지요.

[제1장] 모든 여성들은 공주님이다

많은 분들이 꿈을 꾸며 살아갑니다.

사랑받고 싶다.
하고 싶은 일만 하면서 살고 싶다.
자유롭게 살고 싶다.
여행을 다니며 살고 싶다.

그런데 늘 현실이 발목을 붙잡는 것만 같습니다. 사실은 현실이 발목을 붙잡는 일이란 것은 없는데 어딘가의 환상 속에 붙잡혀 있는 것입니다. 이것은 내가 그렇게 하지 못할 것이라는 두려움에서 시작이 되는 하나의 이야기일 뿐이랍니다.

'내가 사랑받으려면 먼저 예뻐져야 할 거야.'
예뻐져야 한다는 생각의 조건이 아무것도 못 하게 발목을 붙잡는 것입니다. 세상은 무엇인가를 표현하지 않으면 저절로 알아서 해주지는 않는답니다. 이것은 꿈을 이룬 사람들이 말하는 공통적인 사실입니다.

마음속으로 생각하고 혼자 고민하고 또 체념을 하게 되면 그것은 영원히 이루어지지 않을 꿈으로만 남게 됩니다. 이것은 꿈을 이루지 못하는 사람들이 말하는 공통적인 사실입니다.

그렇기에 꿈을 이루려면 과감히 꿈을 깨는 행동을 하는 것만이 답입니다.

꿈을 이루기 위해 간절하게 염원하며 마음속으로만 담아두는 대신 꿈을 깨는 행동을 하는 것이지요. 하지만 이것은 꿈을 포기하라는 얘기와는 전혀 다른 얘기입니다.

"사랑받고 싶다."

사랑받고 싶다는 마음은 좋습니다. 그것이 꿈이라면 이것을 하나씩 깨보는 것이지요.

사랑받지 못할 거 같은 장소와 환경에 가서 아무렇지 않게 자신이 사랑받으려 노력했던 행동들을 깨보는 것입니다. 거절당하고 상처받을만한 것을 당연하게 생각하면서요.

'뭐 어때, 이미 예상했던 거잖아.'

이렇게 다소 억지스러운 쿨함을 좀 보여주면서요.

[제1장] 모든 여성들은 공주님이다

 이런 방식의 접근은 세상을 전혀 다르게 보는 관점을 제공해줍니다. 두렵고 막막했던 상황들이나 무섭게만 느껴졌던 사람들이 의외의 친절을 베풀게 된답니다.
 그렇게 깨어나 현실을 보게 되면 현실은 정말 많은 기회와 편안함을 제공해주고 있다는 걸 알게 됩니다. 그리고 곧 이런 생각이 떠오를 것입니다.
 '나의 꿈은 이루어졌구나.' 하구요.

 공주님은 세상이 두렵지 않기에 꿈을 향한 과감한 도전들을 망설이지 않고 할 수 있답니다. 세상은 늘 친절하고 생기 넘치기에 두둥실 파도를 타고 삶이라는 여유를 즐기게 됩니다.

제 2 장

우아한 기 살리기의 준비

[제2장] 우아한 기 살리기의 준비

1. 기공? 그게 뭔데?

기(氣)라는 글자의 뜻은 느낌이라는 것

"공주님과 기가 무슨 관련이 있죠?"
선뜻 의문을 품고 물어보시는 분이 계실 겁니다.
기라는 이야기는 어렵고 고리타분하고 종교스럽다는 느낌을 가지실지도 모르겠네요. 하지만 이 책에서 말하고자 하는 기공이란 아주 상식적이고 평범한 것들이니 안심하도록 하세요.

기(氣)라는 글자의 뜻은 느낌이라는 것입니다.
우리 주변에 늘 존재하는 것이자 활동하는 힘이며 주위를 둘러싸고 있는 상황이나 분위기에 따라 이것을 느끼고 기분이라고 표현을 하기도 합니다.

♣ 지금 잠시 눈을 감고 주변을 느껴보세요.
♣ 따뜻하고 포근한 느낌인가요?
♣ 차갑고 불쾌한 느낌인가요?
♣ 봄바람의 상쾌한 공기처럼 나를 스치며 지나가나요?

> ♣ 새싹이 돋고 꽃이 활짝 피는 것처럼 설레임이 가득한가요?
>
> ♣ 꽉 막힌 듯 답답하고 울고 싶나요?
>
> ♣ 화가 나고 열이 나고 속상한가요?

어떠한 것을 느껴도 괜찮습니다. 지금 느낀 모든 것이 기(氣)라는 것입니다.

이렇게 우리는 매일 변화하고 있는 기라는 것을 느끼고 그것을 때로는 감정이나 기분으로 표현하는 것입니다.

공(功)이라는 글자의 뜻은 공을 들이는 것

기(氣)라는 것이 느낌이었다면 공(功)이라는 글자의 뜻은 공을 들이는 것, 즉 노력과 수고를 기울인다는 뜻입니다. 흔히 어떠한 일을 마치거나 목적을 이루기까지 정성을 다했으면 그것을 공들였다고 얘기하고는 하지요. 이것이 공이라는 것입니다.

우리는 정확하게 무언인지는 모르지만 매일 기를 느끼고 또한 그것에 공을 들이고 있습니다. 하지만 지금까지는 항상 이것을 하고 있다는 사실을 모르셨을 겁니다.

[제2장] 우아한 기 살리기의 준비

　지금에서야 아차! 내가 이러한 것들을 하고 있었구나.. 하고 느끼시는 분들이 많으실 겁니다.

　내가 화가 날 때는 심장이 두근거리고 열이 나는 느낌에 집중하면서 열심히 공을 들이고 있고, 또 그것을 억누르거나 폭발을 하며 표현합니다.
　억누르고 있는 것은 이해가 가지만 표현을 하는 것은 풀린다고 생각하는 경우가 많은데, 화를 냈을 경우에도 지속적으로 심장이 두근거리고 열이 나는 등의 느낌은 한참 머물러 있습니다.
　반대로는 맘에 드는 물건을 쇼핑할 때 저절로 미소가 지어지고 발길이 가벼워지고 금방이라도 날아갈 것 같은 느낌들을 유지시키고 싶은 경우도 있습니다. 그 느낌을 유지시키기 위해 맛있는 외식을 하고 향이 그윽한 차를 마시기도 합니다.
　좋은 느낌이던 나쁜 느낌이던 이것은 느낌에 집중을 하면서 열심히 공을 들이고 있는 것입니다.

　이렇게 기(氣)란 무엇이고 공(功)이란 무엇인가에 대한 개념을 이제 알게 되었습니다.

이제는 기와 공을 활용하는 방법으로 나의 생명력이 충만해지는 방법에 대해 알아보도록 하겠습니다.

기공은 느낌에 공을 들이는 것

기공은 느낌에 공을 들이는 것입니다.

흔히 느낌에 공을 들이라고 하면 대부분은 좋은 느낌만을 느끼려고 하고 나쁜 느낌은 느끼지 않으시려는 분들이 많습니다.

이것은 당연한 결과입니다. 기분이 좋은 것은 옳고 기분이 나쁜 것은 그르다는 잘못된 선입견을 가지고 있기도 합니다.

우리가 살아오면서 교육을 받은 방식은 기분 나쁜 것에 집중하기보다는 기분이 좋고, 좋다고 생각되어지는 행위들에 집중이 되어 있기 때문입니다.

하지만 실제적으로는 좋은 느낌과 안 좋은 느낌 중 어느 것이 나에게 도움이 되는지 정확하게 구분을 하는 법에 대해서는 훈련이 되어 있지 않습니다.

[제2장] 우아한 기 살리기의 준비

　예를 들면, 밀크 초콜릿을 하나 먹으면 부드러운 감촉과 달콤한 향에 기분이 좋습니다.

　초콜릿은 분명 그 순간을 기분 좋게 만들어 주는 것임은 맞지만, 장기적으로 복용했을 경우나 과다 복용 시 문제가 될 수 있고 스트레스를 받는 상황에서 더 많이 섭취하게 된다는 것을 경험으로 아실 겁니다.

　또 하나의 예를 들어보지요.

　우리가 집에서는 소파에 누워 몸이 비틀린 자세로 TV나 스마트폰을 오랫동안 보는 경우가 있습니다. 진정한 휴식이란 이런 것이라고 되내이며 뒹굴어보아도 몸이 개운해진다거나 다음날에 있을 스트레스가 없어지는 것도 아닌데 말이지요.

　또한 이것이 오래 지속이 되면 자세가 비틀리거나 통증이 오는 등으로 좋지 않은 현상이 벌어지는 것임을 알면서도 자동적으로 그렇게 하게 됩니다.

　왜 나는 올바른 것을 잘 알면서도 반복, 습관적으로 결과적으로 좋지 않은 행위들을 지속하는 것일까요? 이러한 것들은 잠시 자신이 편안하고 행복하다고 느끼게

공주님의 우아한 기 살리기

해주는 순간적인 느낌이기에 그러합니다.

　이제부터는 좋은 느낌이든 좋지 않은 느낌이든 내 느낌에 공을 기울이는 연습을 하셔야 합니다. 처음에는 물론 좋은 느낌만을 추구하게 될 것이고 좋지 않은 느낌은 피하려고 할 것입니다. 하지만 내가 어떠한 일을 성취할 때 꼭 나에게 필요하고 좋은 것만을 선택해서 했던 것은 아님을 잘 알고 계실 겁니다.
　성취과정에 있어서는 실수도 있고 힘든 과정도 꼭 포함이 되게 되어 있습니다. 그리고 그렇게 공을 들인 어느 날 문득 돌아보니 참 뿌듯했던 경험이었다는 걸 알게 됩니다.

　기공도 마찬가지입니다.
　기공은 힐링과 같다고 생각하시는 분들이 계실 겁니다. 흔히 힐링이라고 하면 자연 치유적인 능력을 떠올리고 그것과 연관지어 좋은 느낌으로 좋지 않은 느낌을 밀어내려고 생각합니다.
　예를 들어, 따뜻한 느낌으로 찬 느낌을 밀어내는 것이지요.

[제2장] 우아한 기 살리기의 준비

 물론 이것도 괜찮습니다. 하지만 힐링을 받을 때는 괜찮았지만 곧 그것이 유지되지 못하고 다시 원래대로의 모습으로 돌아오는 경험을 많이 하셨을 것이라 생각합니다.

 여기기에서 얘기하고자 하는 기공과 힐링이란 나에게 좋지 않은 느낌들에도 공을 기울여 그것을 올바로 보고 스스로 해결해 나갈 수 있는 방법을 전달하고자 하는 것이랍니다.

기공은 영혼에 밥을 주는 것

 어떤 사람이 실연을 당했습니다.

 실연이란 것은 당연히 아프고 힘든 것입니다. 실연 한 번쯤 당해도 난 아무렇지 않아! 하고 씩씩한 척하시는 분 안 계시지요?

 사실은 그 마음은 아프고 힘든 것인데 그것을 씩씩한 척하며 애써 감추거나 외면할 필요는 없습니다.

 상처라는 것은 때로는 아프고 힘든 과정을 통해 치유가 되고 또 그것으로 튼튼해지기도 합니다. 실연으로 아프고 고통스러운 마음은 달콤한 케이크를 먹는 행위를 통해 잠시 잊혀질 수 있습니다. 여성분들은 갑작스럽게 과한 쇼핑을 한다거나 폭식을 한다거나 헤어스타일을 바꿈으로써 잊으려는 노력을 하기도 합니다. 그러나 이것은 순간적인 기쁨일 뿐 영혼의 고통스러운 마음을 근본적으로 해결하는 데는 도움이 되지 않습니다. 아마도 이 책을 읽는 독자분들도 모두 공감을 하는 부분이라 생각합니다.

이것은 한 사람의 영혼이 상황을 잘못 이해하고 있는 것입니다.

사실은 아프고 힘든데 아프고 힘든 상황을 나와 영혼이 잘못 이해하고 바라보고 있는 것이지요. 나는 그것을 잊으려고 무언가를 해서 괜찮다고 생각하지만 아픈 상처는 계속 남아 있고 영혼은 반대로 그 느낌이 좋다고 생각해서 지속을 시키는 것입니다.

이제부터는 조금 힘들더라도 아픈 그 느낌에 공을 들여야 합니다. 아프고 고통스러워서 울고 있는 그 느낌을 지그시 바라보는 것에서 시작이 됩니다. 스스로 어설픈

[제2장] 우아한 기 살리기의 준비

위로를 해 주지도 말고 괜찮다고 위안을 해 주지도 않습니다. 또한 이것을 빠르게 해결하려고 애를 쓰지도 않으셨으면 합니다.

이렇게 공을 들이며 바라보고 있으면 내 의식이 바라보고 있는 것을 서서히 영혼도 함께 바라보게 됩니다.

'앗, 이것에 문제가 있었나? 다른 해결책을 찾아봐야 하나?'하고 영혼도 바라보고 있는 것에 진지한 관심을 기울여주게 되는 것이지요.

그리고 그때부터 영혼은 잘못된 것을 바로잡으려고 하는 해결책을 찾게 됩니다.

첫 번째로는, 스트레스로 인해 계속 단 것을 찾는다면 단 것이 당길 때 일어나는 느낌을 조용히 관찰하는 것으로 시작이 됩니다.

우선은 내가 스트레스받는 상황에서 무엇을 하는지를 잠시 생각해 보세요. 그리고 스스로에게 질문해보시기 바랍니다.

공주님의 우아한 기 살리기

'이것을 하고 있는 게 정말 나에게 좋은 일인가?'

만약 마음 한구석이 그렇지 않다! 라고 얘기를 한다면 그것이 영혼과 함께 바라봐야 할 지점이 됩니다.

두 번째로는, 느낌을 조용히 관찰했으면 잠시 내가 순간적으로 좋은 느낌만 찾으려던 행위를 멈추는 것입니다.

물론 이것이 쉽지는 않습니다. 그렇기에 한 번에 다 하시려는 욕심은 버리시는 게 좋습니다. 또 나는 언제든 실수를 할 수 있고 멈추지 못할 것이라는 것도 알고 시작하시면 좋습니다.

한 번 멈추면 두 번은 쉽고 세 번은 더 쉬우며 그다음 또 그다음은 스스로 멈춰가게 됩니다.

세 번째로는, 이렇게 멈추고 바라보기를 계속하다 보면 영혼도 서서히 나의 밸런스를 맞추는 것에 초점을 맞추게 됩니다.

[제2장] 우아한 기 살리기의 준비

'나는 항상 네가 원하는대로 기분이 좋아지는 것을 해 줬는데 무엇이 문제지?'라고 다시 한번 바라보게 되는 것이지요.

내가 행위를 멈췄듯이 영혼도 스스로 밸런스를 맞추기 위해 멈추고 의문을 제기하는 시간인 것입니다. 오히려 영혼이 밸런스를 맞추기 위해 초점을 맞추게 되면 잠시 내가 더 아프고 힘들어지는 경험을 할 수 있습니다.
하지만 그때 영혼을 다그치지 않고 기다려주는 것이 진짜 나의 몫입니다.

네 번째로는, 영혼이 초점을 맞추는 기간에 '빨리!'라고 서두르지 않는 것입니다.

영혼이 초점을 맞추는 데까지도 시간이 걸리지만 이것이 해결되는 데까지도 시간이 걸립니다. 대부분의 사람들이 세 번째, 네 번째 단계에서 실패를 하는 이유는 빨리! 빨리! 라고 서두르려 하기 때문입니다.

모든 일에는 단계가 있듯이 느낌이나 생각들도 마찬

가지입니다.

내가 다그친다고 해서 빨리 해결되지도 않으며 서두르려고 할수록 그 느낌이 악화되고 강화되는 현상만 가지고 옵니다.

이렇게 영혼이 마음이 아픈 곳을 향해 초점을 맞추고 밸런스를 찾아가다 보면 습관적으로 좋지 않다고 생각한 행위는 멈추게 되고 진짜 자신의 문제를 인지하게 됩니다.

스스로 꼬여버려 풀지 못해 묶여버린 에너지들을 하나씩 풀어주게 되는 것이지요.

영혼에게는 밥을 주는 것이고 약을 주는 것이기도 합니다. 그리고 이렇게 영혼이 스스로 꼰 에너지들을 풀어가게 될 때 진짜 힐링이란 것이 일어나게 됩니다.

기공은 생명으로 충만 되는 것

기라는 느낌을 느끼고 공을 들이게 되면 차차 꼬인 에

[제2장] 우아한 기 살리기의 준비

너지들이 풀려나면서 생명력으로 충만해지게 됩니다. 앞에서도 영혼을 얘기했지만 우리가 인지하고 있는 것과 영혼이 이해하는 경우가 전혀 다른 경우들이 많습니다.

 돈을 벌려고 노력을 했는데 자꾸만 돈이 나가는 상황만 생기게 된다든지, 너무 간절하게 기도를 했는데 그것은 이루어지지 않고 꿈으로만 남는 경우들이 그렇습니다.

 이럴 때 할 수 있는 것은 자신의 영혼에게 '지금 바라보고 있는 것이 정상이라고 생각하니?'라고 묻는 것입니다. 이렇게 계속 물어서 함께 바라보게 되면 스스로 치유가 일어나면서 생명으로 가득한 세상을 경험할 수 있습니다.

 기라는 것은 펼쳐지고 원활한 흐름이 있고, 움츠리고 수그러드는 흐름이 있습니다.
 간단하게 예를 들어, 기분 좋게 시작한 아침을 맞이하면 하루 종일 일이 잘 풀리는 경험을 하는가 하면, 어떤 날은 작은 느낌 하나에 기분이 나빴는데 그것이 계속 꼬이는 상황을 만들어 내기도 합니다.

기라는 것도 내가 조율을 할 수 있게 되는 것입니다.

펼쳐지고 원활한 흐름 안에 있을 때는 생명력이 가득한 세상을 경험하게 되고 공기를 유영하듯 사뿐사뿐하게 살아갈 수 있습니다.
반대로 움츠리고 수그러지는 흐름 안에 있을 때는 심한 저항을 느끼며 그것에 힘을 잔뜩 주고 밀고 나가게 됩니다.

둘 중 하나만을 느끼며 살아가야 한다는 것은 아닙니다. 이 두 가지의 흐름은 자연스럽게 흐르고 지나가는 것이며 자신이 억지로 좋은 기를 불러일으킨다고 해서 불러일으켜 지는 것도 아닙니다.

앞에서 기의 느낌을 느끼고 공을 들여 조율하는 것에 대해서 배웠습니다. 그리고 자신이 인지하지 못한 것을 영혼과 함께 바르게 인지하는 것에 대해서도 배웠습니다.

자, 이제 상황 자체가 문제가 아니라는 것은 알게 되셨지요? 또한 일어나고 있는 내 느낌 자체도 문제가 아니라는 것을 알게 되셨을 겁니다.

생명으로 충만해지기 위해서는 기의 흐름이 원활해져야 합니다. 계속 자신 안에 무언가를 가득가득 담아두는 것이 아니라, 좋은 것도 좋지 않은 것도 흘러가도록 풀어놓아야 한다는 것입니다.

이렇게 영혼이 생명력으로 충만해지게 되면 세상은 더욱 밝고 빛나는 곳으로 변해 있게 됩니다. 내가 무언가를 간절히 염원하거나 애써서 하는 노력을 기울이지 않아도 저절로 이루어지는 것들도 많아지게 됩니다.

이것이 영혼이 밝고 빛나는 생명력이 가득한 사람들의 비밀이랍니다.

2. 수호천사란 무엇일까?

천사라는 말은 히브리어로 기록된 구약성경의 원전인 기원전 3세기 무렵에 그리스어로 번역되기 시작하였고 이때 신의 심부름꾼인 말라흐라는 히브리어가 그리스어의 신의 사자인 앙겔로스로 번역된 것이 천사(Angel)의 기원입니다. 전통적으로 천사는 가톨릭, 유대교, 기독교(개신교), 이슬람교 경전(성경)에서부터 등장합니다. 천사는 육체를 갖지 않는 영적인 존재이고 신의 심부름꾼이며 전령이고 신에 의해 신을 위해 창조되었습니다.

현대에 이르러서는 천사라는 존재는 초자연적인 존재와의 영적인 연결을 추구하는 영성의 분야와 오컬트에서도 중시되게 됩니다. 자신의 정신을 향상시켜 수호천사와 접촉함으로써 그들의 가호나 조언을 받는다는 이야기는 주로 가톨릭과 기독교의 천사에 이미지에 부합되는 이미지이나, 종교에 관계없이 천사의 역할은 신의 뜻을 전달하고 인간을 보호하고 도와주며 인간을 위해 대신 신께 기도하는 존재로서 알려져 있습니다.

천사라는 초자연적인 존재와의 영적인 연결은 삶을 더 풍요롭고 풍성하게 만드는 힘이 있습니다. 수호천사와의 연결은 상상력을 이용해 의식적으로 꿈을 꾼다는 것과 비슷합니다. 천사는 하나의 상징으로서 천사란 날개가 달려 있고 빛이 나며, 자신을 수호하고 보호하는 천상의 존재라는 설정을 통하는 것으로 꾸고 싶은 꿈의 시나리오를 쓰는 것입니다. 이때의 상징이란 개인의 설정이며 절대적 진리가 아님을 밝힙니다. 대부분의 이미지에 대한 설정은 자신의 보편적 믿음에 근거하면 됩니다.

천사의 종류

직급 천사

대천사로써 신의 명령을 받아 우주의 질서를 관리하고 유지하는 공무원급에 속합니다.

보호 천사

한사람의 인생에 관여하는 수호천사로서 평생을 함께하거나 필요할 때 임시로 사람을 돕기도 합니다. 한사람에게 관여하는 수호천사는 하나 또는 여럿일 수 있습니다. 크고 작은 일을 도우며 늘 보이지 않는 곳에서 사람을 직접적으로 보호하고 옳은 길로 갈 수 있도록 안내하는 역할을 합니다. 가장 인간의 형체에 가까운 모습을 하고 있으며, 주변에서 늘 신호를 통해 메시지를 전달하기도 합니다.

성 수호천사

빛에 가까운 존재이며 서양 마법에서는 HGA, 밀교에서는 수호본존이라는 개념을 가집니다.

성 수호천사를 만나게 되면 모든 악마와 정령을 조복시킬 수 있기에 서양 마법에서는 최종적으로 성 수호천사를 만나는 것을 목표로 하게 됩니다. 여기에서 악마와 정령도 상징이며, 성 수호천사와의 연결이 강할수록 인생에서의 쓸데없는 일이나 경쟁으로부터 자유롭게 되어 슬렁슬렁 파도를 타듯 순하게 살게 됩니다.

여기에서는 직급천사인 대천사에게 기도하는 방법과 자신의 평생 수호자인 보호천사를 만나고 관계를 유지하는 법에 대해서 설명을 합니다.

[제2장] 우아한 기 살리기의 준비

3. 영원한 내 편 대천사님과 수호천사님

다음의 9대 천사는 우주의 질서를 관리하고 유지하는 대천사님입니다. 9대 천사 외에 알려진 대천사님은 많지만 9대 천사의 파워를 통한 소망의 기도만으로도 자신의 삶을 풍요롭고 매끄럽게 유지하는 데는 충분합니다.

해당 월에 태어난 사람은 해당하는 대천사님의 성격이나 잠재능력을 가지게 됩니다. 이것은 정해진 운명을 나타내는 것은 아니지만 자신의 천사님에게 기도를 함으로써 잠재된 능력은 향상시키고 인생에서의 필요한 지혜를 얻어 나아갈 수 있습니다.

또한 9대 천사 중 자신의 소망에 필요한 대천사님이 계시면 그분에게 기도를 함으로써 천사님의 특성과 힘을 전달받을 수 있게 됩니다.

9대 천사의 파워와 소망의 기도

(1) 3월 21일 ~ 4월 30일

메타트론(Metatron) : 대천사들 중 가장 큰 천사로 묘사되고 있습니다. 인간들에게 영적인 여행의 길로 안내하고 깨어날 수 있도록 도움을 주는 천사이기도 합니다. 가장 상위차원에 있는 천사로서 세상에 생명이 최초로 창조되어 순수한 빛으로 내려온 때를 의미합니다. 인간의 영혼을 정화하여 순화시키고, 보다 높은 정신세계로 향할 수 있도록 올바른 길로 인도하는 힘을 가지고 있습니다. 내가 선택해야 하는 방향을 잃고 망설임이 생겼을 때 선택해야 하는 방향을 잡고 실천해야 할 행동이 무엇인지를 보여 줄 것입니다.

대천사 메타트론은 천사들의 리더로써 우주의 시스템을 유지하는 임무를 담당하는 권위있는 천사이기도 하며 신과 인간의 중개를 하는 천사이기도 합니다. 영감이 떠오르고 그것을 형성하여 현실화하고 싶다는 창작 의

[제2장] 우아한 기 살리기의 준비

욕을 증가시키는 역할을 하며 꿈과 아이디어를 현실에서 실현시킬 구체적인 형태를 제공하기도 합니다. 또한 사랑하는 사람들에게 둘러싸여 행복한 사회생활을 할 수 있도록 약속해줍니다.

이 대천사를 바탕으로 태어난 사람은 창조의 힘을 지닌 사람입니다. 생명력이 넘치는 힘으로 자발적으로 움직여 자신이 활동하는 공간에 적극적으로 참여하기도 하며 목표 의식이 강하여 목표에 집중하여 나아갈 수 있는 힘이 있습니다. 한 번 결심한 것은 놓치지 않고 끝까지 포기하지 않으며 어떤 상황에 놓여도 효율적인 방법으로 문제를 해결하고 큰 프로젝트들도 어렵지 않게 해냅니다. 명랑하고 털털한 성격으로 위선과 부정을 싫어해 도덕적으로 살고자 하지만, 자칫 자신의 생각을 절대적이라 여겨 독선적인 사람이 될 수 있습니다. 사람과 협력하고 다른 사람의 의견을 존중하는 자세가 필요합니다.

창조적인 일을 해야 할 때, 인생에서의 방향성을 못 찾고 방황하고 있을 때, 보다 더 높은 영적인 차원으로의 삶을 살고 싶을 때, 꿈과 아이디어를 현실화시키는 구체적인 방법을 알고자 할 때 대천사 메타트론님과 함께 하도록 해보세요.

> ★ 파워 업 컬러 : 골드
> ★ 파워 업 숫자 : 1 (시작, 종점, 새로운 한걸음, 과거를 백지화, 희망을 상징)
> ★ 파워 업 향 : 엠버

(2) 5월 1일 ~ 6월 10일

라지엘(Raziel) : 우주의 비밀, 신비한 지식, 불가사의한 일들에 대한 지식을 전달하는 천사로 알려져 있습니다. 세상에 탄생한 인간이 가장 적합한 삶을 누릴 수 있도록 최적의 환경을 제공하고 이것을 법칙화하여 그것에 따라 살아갈 수 있는 힘을 가지고 있습니다. 인간은 자발적으로 배우는 즐거움을 알고 지성을 이용하여 확실한 의식을 가지고 행동하는 것을 좋아합니다.

대천사 라지엘은 진정한 사랑을 알도록 하고 다양한

[제2장] 우아한 기 살리기의 준비

기회의 장을 체험하는 데 도움을 줍니다.

　대천사 라지엘은 맨 처음 아담과 이브에게 천상의 세계와 지상의 비밀, 또 밀교 신비주의의 비밀을 전수했다고 합니다. 이것은 하나님의 커다란 은혜로 이 비밀의 문을 열 수 있는 사람은 자비의 깊이와 사랑의 실천에 대한 보상으로 부여됩니다. 라지엘 천사와 함께라면 사랑, 일이나 공부, 돈 등 모든 면에서 행운을 손에 넣을 것입니다.

　이 대천사를 바탕으로 태어난 사람은 지혜로운 사람으로 지성을 이용해 진리를 추구하는 성향이 있습니다. 사람관의 관계에서 배려를 할 줄 알고 때로는 비판적인 시각으로 어떤 상황에 놓여도 최선의 방법을 선택할 수 있는 힘이 있습니다. 카리스마를 갖춘 당신은 역경의 때에 근사한 행운을 거머쥘 수 있는 운이 좋은 사람이며 사회적 지위나, 권력, 재산도 모두 당신의 편에 설 수 있습니다.
　대인관계를 중요시하여 부드러운 분위기를 만드는 것이 특징이지만, 자칫 고립될 수 있는 타입으로 사람에게 반대로 공격적일 수 있습니다. 비판적이 될 때 솔직한 표현보다 순화하는 언어를 사용하는 법을 배우는 것이 필요합니다.

신비한 지식의 힘을 알고자 할 때, 자비와 사랑이라는 덕목을 기르고 싶을 때, 지혜를 갖추고 지성적인 힘을 사용하고 싶을 때, 카리스마를 갖춘 리더가 되고자 할 때 대천사 라지엘님과 함께 하세요.

★ 파워 업 컬러 : 실버
★ 파워 업 넘버 : 2 (몸과 마음, 사람의 연결, 비밀, 인내, 협응, 관용, 외교적 수완을 상징)
★ 파워 업 향 : 사향(머스크)

(3) 6월 11일 ~ 7월 22일

비낼(Binael) : 우리의 지적인 능력을 향상시키는데 도움을 주는 여행의 대천사입니다. 살아가는 환경을 바꾸게 할 수 있으며 이것은 때론 한 사람의 내적인 발전을 위해 필요하기도 합니다. 그리고 또한 그곳에서 중요

[제2장] 우아한 기 살리기의 준비

한 인물이 누구인지를 알려 줄 것입니다. 토성의 영향을 받아 '불행한 재앙'이라는 특성이 더해집니다. 인생에서 누구에게나 시련은 있고 고난을 극복해야 할 때가 있습니다. 이것은 우리에게는 특별한 수업입니다. 이것을 고민함으로써 마음속에 숨어 있는 진정한 감정에 눈을 떠 빛나는 사람으로 성장을 할 수 있게 됩니다.

비넬은 생각을 주관합니다. 이것은 자발적으로 배우는 것과 달리 익힌 지식을 이해하는 것입니다. 비넬은 여행의 대천사이며 다양한 세계를 둘러싼 것으로 미지의 잠재력을 발견시켜 줄 것입니다. 자신의 환경과 공간이 이동될 때 사람들은 새로운 관점을 보게 됩니다. 시야를 넓히고 유연한 발상을 이끌어 내는 힘과 아이디어를 바탕으로 크게 도약하는 기회가 오게 됩니다.

이 대천사를 바탕으로 태어난 사람은 명석한 두뇌와 함께 배운 것을 즉시로 잘 활용하는 특성을 가지고 있습니다. 사물을 냉철하게 관찰하고 세밀하게 분석해내는 힘이 있으며, 인생의 고난과 역경을 잘 알기 때문에 사람들에게 안정감을 주고 성숙한 사람으로 보이게 됩니다. 상대방을 이해하는 이해심이 깊고 다른 사람의 의견을 경청할 줄 아는 사람입니다. 특히 여행을 좋아하는 타입으로 환경이 바뀌어도 적응을 잘하게 되며 이는 다재다능한 발상으로 연결이 됩니다. 자신의 정서에 깊게 빠지게 되면 사람들과 어울리지 않으려 하고 까다로운 사람으로 보일 수 있기에 역경과 고난은 자신에게 주어진 즐거운 인생 수업임을 명심해야 합니다.

여행을 통해 새로운 정보를 알고 싶을 때, 자신의 한계가 느껴져 더 이상 무엇을 할 수 없다고 느낄 때, 배운 지식을 바탕으로 다른 무언가를 창조하고자 할 때, 공간과 환경의 변화가 필요할 때, 인생에서 소중한 인연을 만나고 싶을 때 대천사 비넬님과 함께 하도록 하세요.

★ 파워 업 컬러 : 감색
★ 파워 업 넘버 : 3 (3차원의 공간, 육체의 탄생, 자기표현을 상징)
★ 파워 업 향 : 바닐라

(4) 7월 23일 ~ 9월 2일

헤세디엘(Hesediel) : '사랑과 관용'의 대표적인 천사입니다. 목성의 영향을 받아 즐거운 인생, 확고한 신념과 긍지, 물질의 풍요로움에 도움이 되는 천사입니다. 인간이 살고 싶은 대로 살아가는 자유를 허용하고 인생에서의 역경과 고난을 없애는 데 도움을 줍니다. 헤세디엘의 영향을 받으면 사람들은 자신의 문제에 구속되지 않고 어떤 일에도 두려워하지 않는 용기와 당당함이 선물로 주어질 것입니다.

헤세디엘은 노력과 노동에 따른 수확을 약속하는 천사로 지금까지의 활동에 대한 감사의 상을 내리는 천사입니다. 기도를 통해 "저는 ~을 원합니다."라고 말을 하면 그 요청 또한 즉시 이뤄줄 것입니다. 이것은 꼭 물질적인 보상뿐만이 아니라 감정이나 생활에서의 휴식과 휴가 등 삶의 여유를 제공해 주는 것입니다. 또한 자유의 천사이기도 해서 자신이 좋아하는 것만을 할 수 있는 상황으로 이끌어 줄 것입니다.

이 대천사의 영향을 받아 태어난 사람은 협력과 소

통, 나눔을 즐겁게 여겨 그룹 활동 하기를 좋아합니다. 자신이 사람들과 함께 협력하는데 기쁨을 느끼기 때문에 그룹 내에서도 눈에 띄고 든든한 리더로 자리할 수 있습니다. 활기찬 행동과 유연함으로 스포츠를 즐길 수 있으며 무슨 일이든 겁내지 않고 도전하기를 좋아합니다. 자신이 하고 싶은 것을 자신만의 방식으로 실현해 나가는 역량을 지니고 있고 수월하게 원하는 결과를 내지만, 욕심과 오만으로 가득해질 경우 주변의 상황을 고려하지 않는 독재자 타입이 될 수 있습니다. 협력과 소통, 나눔을 할 때 가장 즐겁다는 것을 되내이면 좋습니다.

자신이 좋아하는 일을 하고 싶을 때, 물질적, 정신적 풍요로움과 여유를 지니고 싶을 때, 자신이 노력한 것에 대한 보상을 받고 싶을 때, 구속되지 않는 자유로움을 추구할 때 대천사 헤세디엘님과 함께 하도록 하세요.

★ 파워 업 컬러 : 파랑
★ 파워 업 숫자 : 4 (신뢰, 안정, 진리, 정의, 고귀함과 자부심을 상징)
★ 파워 업 향 : 시더

(5) 9월 3일 ~ 10월 13일

카마엘(Camael) : '용기와 전진, 직관, 파워'의 대표적인 천사입니다. '하나님을 보는 사람'이라는 뜻으로 하나님의 선과 인간의 선을 이어 때로는 직관적으로 무엇을 행했는데 뜻하지 않은 기적을 만나기도 합니다. 이것은 우리에게 잠재된 힘입니다.

싸움과 권력을 상징하는 화성의 영향을 받고 있는 카마엘 천사는 불굴의 의지와 용기를 주는 데 도움을 주는 천사입니다. 어떤 일도 두려워하지 않고 자신에게 진실한 것이라 생각한다면 용감하게 나서는데 지지를 해 줍니다. 카마엘 천사는 몸과 마음을 단련하도록 돕고 미래를 염려하고 과거의 실패로 인해 앞으로 나아가지 못할 때 자신의 의지를 믿고 앞으로 전진해 나갈 수 있는 힘을 줍니다.

대천사 카마엘이 의미하는 것은 '하나님을 보는 사람'이며 하나님의 선과 인간에게 잠재된 선의 힘을 잇는 역할을 합니다. 이렇게 선이 하나가 될 때 우리에게 잠재된 엄청난 힘은 모든 면에서 행운을 불러올 것이며 현실

에서 자신에게 유리한 환경들이 제공될 것입니다. 카마엘은 인간에게 강한 의지를 부여해 자신의 위치에서 최대의 힘을 발휘할 수 있도록 돕습니다. 또한 파괴, 처벌, 복수의 지휘관이라서 현실에 안주하는 쾌락보다는 무언가를 이뤄 낼 힘의 동기를 부여하게 됩니다.

이 대천사를 바탕으로 태어난 사람은 정의의 사도로서 진리의 추구에 앞장서고 공정한 사회를 만들기 위해 노력합니다. 도덕과 윤리 등의 법의 질서를 중요시하고 한 번 책임을 진 일은 끝까지 완수하고자 하는 책임감이 강한 사람입니다. 앞에서 연설을 하거나 누군가를 설득하는 데 재능이 있지만 때로는 비판의 경향이 심해지기에 조심해야 합니다. 자신에게 주어진 규칙을 깨며 유머와 가벼움도 허용될 수 있도록 관심을 기울여야 합니다.

성공을 향한 동기를 필요로 할 때, 과거의 실패로 좌절해 앞으로 나아가지 못할 때, 자신에게 잠재된 힘을 이끌어 내고 싶을 때, 새로운 일의 시작으로 용기가 필요할 때, 어떤 일을 끝까지 완수해내는 힘을 필요로 할 때 대천사 카마엘님과 함께 하도록 하세요.

[제2장] 우아한 기 살리기의 준비

- ★ 파워 업 컬러 : 레드
- ★ 파워 업 숫자 : 5 (사랑과 지성, 직관, 성숙, 새로움, 혁신, 충동, 호기심, 불안정성을 상징)
- ★ 파워 업 향 : 레몬

(6) 10월 14일 ~ 11월 22일

라파엘(Rapael) : 라파엘은 대표적인 치유의 천사입니다. 특히 물리적인 신체의 치유에 탁월한 천사이기도 합니다. 공포와 싸울 용기와 마음의 균형을 유지하도록 돕고 또한 라파엘은 인간의 마음속에 악마가 침입하지 못하도록 경계하고 순화하는 임무를 지닌 천사이기도 합니다. 태양의 영향으로 강렬한 에너지를 일으키며 태양의 생명의 근원이기 때문에 '영생'과 관련이 있기도 합니다.

라파엘은 대천사들 중에서도 가장 밝고 쾌활한 천사입니다. 인간이 명확한 목표를 설정하고 오랜 세월 동안 그것을 구체화해서 실현하는 데 도움을 줍니다. 또한 마음에 품고 있는 알 수 없는 감정을 다양한 수단을 이용하여 표현하는 데도 탁월합니다.

이 대천사를 바탕으로 태어난 사람은 순수한 마음뿐만 아니라 명랑하고 쾌활한 성격을 지니고 있습니다. 또한 다이나믹한 모험을 즐기기도 하지만 그 모험을 균형잡히게 만드는 특성이 있습니다.

도전 정신이 왕성한 당신은 어떤 상황에 놓여도 적극적으로 임할 것이며 고난도 성장의 밑거름으로 삼아 나갈 것입니다. 다만, 자의식이 너무 강해 자만심이 강하고 약점을 보이기 싫어해 허세를 부릴 수 있습니다.

작은 기획을 가지고도 성공으로 이끌고 싶을 때, 조직을 체계적으로 정리하고 균형있게 만들고 싶을 때, 새로운 것을 쉽게 받아들이고 고정 관념에 얽매이지 않는 독창적인 삶을 추구하고자 할 때, 자신이 좋아하는 일에만 열중하고 싶을 때 대천사 라파엘님과 함께 하도록 해 보세요.

- ★ 파워 업 칼라 : 황색
- ★ 파워 업 넘버 : 6 (결혼, 조화, 완전, 헌신, 관용, 공공봉사, 질서 정연, 충성을 상징)
- ★ 파워 업 향 : 일랑일랑

(7) 11월 23일 ~ 12월 31일

하니엘(Haniel) : 하니엘은 대표적인 축복의 천사이자 풍부한 감성과 미의 천사입니다. 삶에서의 평화뿐 아니라 친구들 관계에서의 즐거움, 가족 간의 화합, 새로운 일에 대한 도전 등 많은 분야에서 축복을 내려 주는 역할을 합니다.

금성의 영향을 받는 대천사 하니엘은 사랑이라는 신비를 현실의 세계에서 실현 시키는 특성이 있습니다. 천계와 지상을 순수한 사랑으로 하나로 묶는 것입니다. 이렇게 순수한 사랑을 현실에서 실현시키려면 맑고 아름다운 정신을 유지하고 그에 따른 자신만의 신앙심을 가지는 것이 좋습니다.

하니엘은 자신의 마음을 여는 것의 중요성을 가르치고 사람들과 접촉하고 공존하는 삶의 기쁨을 가르칩니다. 또한 승자에게 어울리는 여유와 미모, 자신감을 부여하고 주위로부터 존경받는 인물이 될 때까지 지원을 아끼지 않습니다.

이 대천사를 바탕으로 태어난 사람은 삶의 기쁨을 온몸으로 느낄 수 있는 활력과 자신감이 넘쳐 주변 사람에게도 쉽게 그것을 전달할 수 있습니다. 무언가를 쟁취하고 분쟁하는 것보다는 평화주의자로 사람과 사람과의 화목하고 안정된 관계를 중시합니다. 상대의 마음을 쉽게 읽는 재능을 가지고 있고 마음이 넓고 배려 넘치는 따뜻한 사람이기도 합니다. 뛰어난 미적 감각의 소유자로 예술을 사랑하며 인생에서 사람을 중시하는 타입으로 누군가에게 미움을 받거나 혼자 있는 것을 두려워 할 수 있습니다. 또한 삶에서의 찰나의 쾌락의 추구에만 열중할 수 있으므로 균형을 잡을 수 있도록 해야 합니다.

인생에서의 기쁨과 사랑, 사람들과의 조화, 사람들과의 접촉과 가치, 예술의 미, 평화로움을 발견하고 싶을

[제2장] 우아한 기 살리기의 준비

때 대천사 하니엘님과 함께 하도록 해보세요.

> ★ 파워 업 칼라 : 녹색
> ★ 파워 업 숫자 : 7 (사랑, 정신, 자기표현, 심신, 남녀의 균형, 기쁨 가득한 멋진 인생을 상징)
> ★ 파워 업 향 : 로즈

(8) 1월 1일 ~ 2월 9일

미카엘(Mikael) : 대천사 미카엘은 꿈을 실현시키는 데 도움을 주는 용기의 천사이자 공포와 부정적인 에너지로부터의 보호를 해 주는 대표적인 천사입니다. 수성의 영향을 받고 있기 때문에 중개인의 특성을 갖추고 있는 동시에 영광을 의미하기도 합니다. 신과 영웅의 지혜를 융합하여 훌륭한 판단력을 갖출 수 있도록 돕고 거짓된 정보를 분별하여 문제를 올바르게 해결할 수 있게 됩니다.

미카엘은 사탄과 싸운 위대한 전사이기도 하며 다른 대천사를 지휘하는 역할을 담당합니다. 과거의 데이터를 바탕으로 생각하고 학습한 것을 구체적으로 실현시키는데 도움을 주며 생활을 향상시키기 위해 획기적인 개선방안을 제시하기도 합니다. 특히 영상매체를 통해 표현하는 능력이 발달되었으며 이런 표현 방법은 사람들에게 많은 공감을 일으킬 수 있습니다.

이 대천사를 바탕으로 태어난 사람은 자신의 생각을 다양한 매체로 표현하고 사람들로부터 주목을 받는 것에 익숙합니다. 지성적이고 머리 회전이 빠른 사람이며, 무언가를 배울 때 독학으로 배우는 데도 능숙합니다. 좋고 나쁨을 분명히 구별하는 뛰어난 관찰력과 당장의 눈앞에 일에 매달리지 않는 장기적인 안목이 있어 수집된 정보를 정확하게 분석, 통합하는 특기를 지니고 있습니다. 감정이 잘 드러나지 않는 타입으로 예의를 중요시하지만 허영과 성공을 향한 일념으로 자신을 거짓되게 포장할 수도 있습니다.

자신이 생각하고 학습한 것을 구체적으로 실현시키고 싶을 때, 다양한 영상매체를 통해 많은 사람의 공감을 불러일으키고 싶을 때, 혁신과 관련된 새로운 일에 도전

하며 용기가 필요할 때 대천사 미카엘님과 함께 하도록 해보세요.

★ 파워 업 칼라 : 오렌지
★ 파워 업 숫자 : 8 (중용, 정의, 비례, 공정 및 기초, 생산성, 번영, 행운과 모성을 상징)
★ 파워 업 향 : 튜베 로즈

(9) 2월 10일 ~ 3월 20일

가브리엘(Gabriel) : 가브리엘은 대표적인 소통의 천사입니다. 신과의 소통을 원할 때나 사람들과의 원활한 소통을 필요로 하는 일에도 도움을 줄 수 있습니다. 가브리엘은 인간이 행복감을 느끼는 데 초점을 맞추게 하고 멋진 꿈을 꿀 수 있도록 보여주는 힘을 가지고 있습니다.

달의 영향을 받는 가브리엘은 감성을 예리하게 만들어 마음의 어둠과 숨겨진 감정을 마주해 그것을 드러나게 하여 반성하게 만듭니다. 또한 이것으로부터 속박된 영혼을 해방시키는 역할을 합니다. 달은 거울과 같기에 자신의 진정한 자아를 비추고 그 모습을 타인에게 보여주도록 유도합니다.

가브리엘은 임신과 탄생의 천사이며 인간으로서 재탄생이라는 의미에 깊게 관여합니다. 자신의 내면에 숨어 있는 모든 감정과 대치하지 않고 본래의 자신을 찾기 위해 과거의 아픈 기억과 싫어하는 사람들과도 마주하는 것입니다. 자신에게 오래 기억된 악습으로부터 벗어나 질병을 고치거나 새로운 삶을 살 수 있도록 도와주기도 합니다. 또한 가브리엘은 아직 실현되지 않은 꿈을 가능하게 할 수 있습니다.

이 대천사를 바탕으로 태어난 사람은 날카로운 감성과 풍부한 감정의 소유자로 상대의 마음의 움직임에 민감한 반응을 보입니다. 이것은 주변 환경과 언제든 어울릴 수 있는 적응력이 좋다는 것이며, 어떤 사람과 어울려도 그 사람과 쉽게 어우러질 수 있습니다.

어디서나 즐겁게 살아갈 수 있는 타입으로 관찰력이 우수하고 실제적으로 만지고 고치는 등의 경험을 통한 학습을 좋아합니다. 동물적인 본능을 가진 당신은 느낀

[제2장] 우아한 기 살리기의 준비

것을 예술 작품으로 표현하는 재능이 넘치며 상상의 날개를 펼쳐 이런저런 꿈을 꾸는 것을 좋아하지만 현실의 어려움을 외면하고 게으른 면이 있을 수 있습니다. 또한 우유부단해질 수 있으므로 자신의 마음을 객관적으로 보는 연습이 필요합니다.

자신을 마주하고 본래의 힘을 되찾고 싶을 때, 과거의 아픈 기억으로부터 벗어나 치유받고자 할 때, 글을 쓰거나 감정적인 예술 작업을 필요로 할 때, 실현되지 않은 꿈을 실현시키고자 할 때, 새로운 삶을 마주하고 싶을 때 대천사 가브리엘님과 함께 하도록 해보세요.

- ★ 파워 업 칼라 : 보라색
- ★ 파워 업 숫자 : 9 (성장, 임신, 변형, 감정과 생각에 따른 치유, 변화, 재탄생을 상징)
- ★ 파워 업 향 : 자스민

72 수호천사가 가르쳐주는 비밀의 힘

아래의 천사의 이름은 자신이 태어난 날에 해당하는 수호천사의 이름과 자신이 가지고 있는 비밀의 힘입니다. 천사는 기본적으로 인간의 요청에 의해서만 응답을 하고 자유의지를 거스르지 않으므로, 무엇인가를 요청할 때 자신에게 해당하는 천사님의 이름을 자주 부르고 원하는 바를 요청하는 것이 좋습니다.

예를 들어, 3월 22일에 태어났다면 자신의 수호천사님의 이름은 Vehuiah(붸후야) 천사님이 되며 기업의 경영자나 팀의 리더로써 새로운 사업과 창업을 하기에 유리한 비밀의 힘을 지니게 됩니다.

또한 다른 천사님의 비밀의 힘이 필요하다면 해당하는 수호천사님을 찾아 이름을 부르고 기도를 하면 됩니다.

[제2장] 우아한 기 살리기의 준비

주간 날짜	수호천사 이름	비밀의 힘
3월21일~3월25일	Vehuiah (붸후야)	새로운 사업과 창업, 기업의 경영자나 팀의 리더
3월31일~ 월4일	Sitael (사타엘)	높은 지위와 명성, 배짱과 설득력을 요구하는 일.
4월5일~4월9일	Elemiah (에레미야)	뛰어난 비즈니스 감각, 이직을 고려하는 시기
4월10일~4월14일	Mahasian (마하시야)	외교수완, 독창적 발상과 분야 개척, 국제적 진출
4월15일~4월20일	Lelahel (르라엘)	진실된 정보와 관계, 소박함, 건강과 관련된 일
4월21일~4월25일	Achaiah (아카야)	인내심, 구속과 속박 집착으로부터의 자유
4월26일~4월30일	Cahetel (카헤텔)	충분한 휴식, 자연과의 교감, 마음의 충족, 웰빙
5월1일~5월5일	Haziel (하지엘)	사람과의 소통과 교류, 공감, 중재자, 권위자
5월6일~5월10일	Aladiah (아라디야)	성실하게 쌓아올리는 노력과 재산의 축적
5월11일~5월15일	Lauvian (라부야)	네트워크와 뜻밖의 도움, 인기와 기회의 제공
5월16일~5월20일	Hahaiah (하야)	계획적 자본의 운용, 심층적인 심리를 다룰 때
5월21일~5월25일	Yezalel (에제엘)	인맥 넓히기, 꾸준한 인내심, 사람간의 중개인
5월26일~5월31일	Mebahel (메바엘)	정기적인 수입, 안정적인 직장, 재치있는 입담
6월1일~6월5일	Hariel (하리엘)	온화한 사랑과 행복한 가정생활, 지식의 활용
6월6일~6월10일	Hekamiah (헤카미야)	현실적 안목, 책임감 있는 리더, 정보수집 및 전달
6월11일~6월15일	Lauviah (라우비야)	객관적, 침착함, 참을성, 느긋함과 꾸준한 탐구

6월16일~6월21일	Caliel (카리엘)	맑고 순수한 사랑, 가족애, 실패를 딛고 성취하는 힘
6월22일~6월26일	Leuviah (레우비야)	협력자, 뛰어난 지능과 기억력, 과학과 문학
6월27일~7월1일	Pahaliah (파하리야)	뜻밖의 도움, 열정, 지속되는 관계, 서비스
7월2일~7월6일	Nechael (넬카엘)	안정된 가정생활, 친절과 호의, 금융지식, 균형
7월7일~7월11일	Yeiayel (이야엘)	사교성, 신뢰, 자존감, 외환투자, 출세, 해외파견
7월12일~7월16일	Melahel (메라엘)	생기넘침, 자연스러움, 의견이나 경험, 식물과 테라피
7월17일~7월22일	Haheuiah (하호야)	운명의 사람, 담백한 이별, 비영리 목적의 일, 정의
7월23일~7월27일	Nithaiah (니타야)	친근감, 실현되는 꿈, 효율, 폭넓은 전문 지식과 분야
7월28일~8월1일	Haaiah (하아야)	강렬한 매력, 저축, 뜻밖의 보물, 평화와 겸손
8월2일~8월6일	Yerathel (이레텔)	사랑과 긍정의 에너지, 개방과 넓은 마음, 기술 연마
8월7일~8월12일	Seheiah (세야)	보완관계, 형제애, 안정의 추구, 목표설정과 의지
8월13일~8월17일	Reiyel (레엘)	순수, 불완전에 대한 이해, 사교성, 유머, 프로듀서
8월18일~8월22일	Omael (오마엘)	인연의 결과, 배려와 동반자, 협력과 효율성
8월23일~8월28일	Lecabel (레카벨)	합당한 보상, 친절과 사랑, 독립과 다방면의 재능
8월29일~9월2일	Vasariah (바사리야)	공정한 판단, 소박한 여유, 입담, 직관적인 판단
9월3일~9월7일	Yehuiah (에후야)	취미와 레저, 휴식, 차분한 계획과 실행

[제2장] 우아한 기 살리기의 준비

기간	이름	특성
9월8일~9월12일	Lehahiah (레하야)	재미의 발견, 예의와 존경, 위기에서 벗어나는 힘
9월13일~9월17일	Chavaquiah (카봐야)	재능을 꽃 피우기, 융통성, 자산관리, 현실을 보는 힘.
9월18일~9월23일	Menadel (메나델)	타인에게 기대기, 자신감, 단순함, 인내심과 보상.
9월24일~9월28일	Aniel (아니엘)	따뜻한 배려, 순수함, 우연한 선물, 어려움의 극복.
9월29일~10월3일	Haamiah (하우미야)	타인의 주목, 능숙한 연애, 현실적인 목표, 자기이익
10월4일~10월8일	Rehael (레하엘)	현재의 만족, 중심, 칭찬과 자긍심, 존경과 사랑
10월9일~10월13일	Yeizael (이자엘)	타협하지 않음, 냉담함, 호의를 받음, 좌절의 극복
10월14일~10월18일	Hahahel (하하엘)	창의력, 마음의 균형, 정서의 안정, 진실로의 접근
10월19일~10월23일	Mikael (미카엘)	연인찾기와 교제, 부동산, 겸손과 책임, 협력자
10월24일~10월28일	Veuliah (붸우리야)	파트너십, 유머와 여유, 평화, 휴식과 자신을 위한 일
10월29일~11월2일	Yelahiah (에라야)	포용력, 솔직함, 원만한 대인관계로부터 오는 재운
11월3일~11월7일	Sealiah (세라야)	현명함, 취미의 공유, 자신에게 맞는 생활과 안정
11월8일~11월12일	Ariel (아리엘)	자신만의 매력, 취미와 관련된 충족감, 협력과 신뢰
11월13일~11월17일	Asaliah (아사리야)	건전한 정신, 지적인 사람, 전직과 발상의 전환
11월18일~11월22일	Mihael (미하엘)	애교, 밝음, 다양한 사상과 의견의 수용, 헤드헌팅
11월23일~11월27일	Vehuel (베후엘)	흥미로운 사랑과 재미, 프로젝트의 도전, 단계

기간	이름	의미
11월28일~12월2일	Daniel (다니엘)	신뢰감, 감사하며 살아가기, 설득력, 겸손한 자세
12월3일~12월7일	Hahasiah (하시야)	활동력, 육체의 쾌락, 순간적인 기쁨, 자연요법
12월8일~12월12일	Imamiah (아마미야)	선의, 객관적인 의견, 경력을 쌓아올리는 힘, 관계
12월13일~12월16일	Nanael (나나엘)	탄탄한 정, 도적적인 힘, 연구와 자기 몰두
12월17일~12월21일	Nithael (니타엘)	가벼운 교제, 함께 나누기, 화술을 통한 자기표현
12월22일~12월26일	Mabahiah (마바야)	가치를 아는 힘, 자신에 대한 인정, 아름다운 표현
12월27일~12월31일	Poyel (포엘)	명확한 애정 표현, 새로움, 절제, 희망의 실현
1월1일~1월5일	Nemamiah (네마미야)	열린 감정, 새로운 수입원, 이직, 비약의 기회
1월6일~1월10일	Yeialel (이아렐)	마음의 평화, 지적인 대화, 정보의 활용, 금속관련
1월11일~1월15일	Harahel (하라엘)	금융 관련 업무, 선한 사랑, 협력과 조언과 협동
1월16일~1월20일	Mitzrael (미츠라엘)	대등하고 현대적인 커플, 겸손과 칭찬, 공동 창업
1월21일~1월25일	Umabel (우마엘)	명확한 의사 표시, 도전과 모험, 벤처 사업, 학문
1월26일~1월30일	Iahel (라헬)	그룹 관계, 명상, 새로운 아이디어, 자선 활동
1월31일~2월4일	Anauel (아나우엘)	호기심, 동기부여, 독창성, 숙련된 기술력과 관리능력
2월5일~2월9일	Mehiel (메히엘)	진실됨, 의견 존중, 책임감, 로열티, 비밀의 힘
2월10일~2월14일	Damabiah (다마비야)	유대관계, 현실의 적응, 여행과 레저, 마음 치유

[제2장] 우아한 기 살리기의 준비

2월15일~2월19일	Manakel (마나켈)	깊은 애정, 진정한 사랑, 꾸준한 직장과 일, 성욕
2월20일~2월24일	Eyael (아이아엘)	도발, 안정된 관계 구축, 단순함, 거절하는 용기
2월25일~2월29일	Habuhiah (하부야)	일체의 행복, 효율적 자산 관리, 천직과 진정한 기쁨
3월1일~3월5일	Rochel (로셀)	뿌리 내리기, 신중한 결혼, 유산, 관용, 명석한 두뇌
3월6일~3월10일	Jabamiah (자바미야)	올바른 의견과 관점, 진실된 사랑, 미용, 요리, 가정
3월11일~3월15일	Haiayel (하이아엘)	소중한 사람, 신뢰, 적절한 휴식, 자금 협력, 후원자
3월16일~3월20일	Mumiah (무미야)	타고난 재운, 노력의 결실, 대체 요법, 감정의 표현

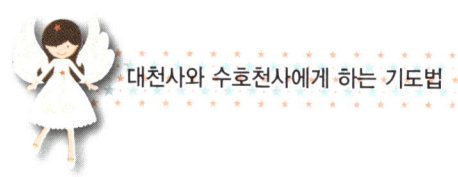

대천사와 수호천사에게 하는 기도법

일상적으로 기도하는 법을 알고 계시다면 그 방법을 쓰셔도 됩니다.

하지만 자신의 수호천사와 대천사를 더 특별하게 만나고 싶은 분은 다음의 방법을 사용하도록 합니다.

천사에게 기도할 때에는 다음의 4가지 원소를 사용합니다. 이때는 일상적인 용품을 활용하기보다 소환용 물품을 따로 구입하여 사용하는 게 좋습니다.

- 에어(Air) : 향
- 파이어(Fire) : 초
- 워터(Water) : 정화수 또는 성수
- 어스(Earth) : 소금

[제2장] 우아한 기 살리기의 준비

테이블의 각 끝에 초를 놓고 가운데 향과 물과 소금을 삼각형의 형태로 놓습니다. 그리고 향과 물과 소금의 가운데에 천사와 맞는 색의 크리스탈이나 상응하는 색의 종이를 올려놓습니다.

① 한 가지 소원이나 천사를 만나고픈 의도를 정합니다.
② 해당하는 천사님의 이미지를 그리며 천사의 이름을 부르도록 합니다.
③ 이때 자신이 좋아하는 일정한 리듬의 음악이나 북소리 등을 활용해도 좋습니다.
④ 자신의 의도를 넣고 천사님의 이름을 반복하거나 음악의 효과를 넣다 보면 어느 순간 테이블이 꽉 차며 천사님의 분위기가 느껴질 수 있습니다. 분위기는 느낌, 또는 압박감, 부드러움, 편안함 정도면 충분합니다.
⑤ 자신의 천사님에게 하고 싶은 말이나 소원, 의도에 대해 말을 하고 감사하다는 인사를 전합니다. 이때 생명의 온기가 느껴지면 자신의 의도가 잘 전달된 것입니다.
⑥ 천사님에게 인사가 잘 마무리되면 테이블을 정리합니다. 이때 초는 입으로 불어서 끄지 않으며 사용된

크리스탈이나 종이는 자신의 소원이나 목적한 바가 이루어질 때까지 몸에 지니고 다니면 좋습니다.

4. 수호천사 기공

수호천사 손길 느끼기

사람들에게는 누구에게나 자신만을 수호하는 수호천사님이 있습니다.

수호천사라고 해서 꼭 천사의 이미지를 정형화해서 느낄 필요는 없습니다. 살아오면서 한 번쯤은 수호천사의 힘이라고 느낄 만한 작은 기적을 경험해 본 적이 있을 것입니다. 누군가의 손길 한 번에 감동해 본 적이 있을 것이고 작은 나눔 한 번에 '저 사람은 천사야.'라고 느껴본 적이 있을 것입니다.

바로 그것입니다. 수호천사는 항상 우리의 곁에 늘 머물고 있습니다.

자신이 가장 사랑받았다고 느꼈던 순간이나 가장 감

[제2장] 우아한 기 살리기의 준비

동스러웠던 순간을 떠올리고 가만히 그 느낌을 느껴보세요. 수호천사의 손길을 느끼는 가장 첫 번째는 수호천사가 존재한다는 것을 내가 아는 것입니다.

① 가만히 눈을 감습니다.
② 눈을 감고 수호천사를 떠올립니다.
  수호천사가 느껴지지 않는다면 자신에게 가장 친절했던 사람을 떠올려보세요. 지금 자신을 애교 가득

한 얼굴로 바라보는 동물의 얼굴을 떠올려도 좋습니다. 눈망울이 반짝반짝 빛나는 그 동물의 눈을 가만히 바라보세요.

③ 이제 내 머릿속의 그림은 지워버리고 친절하고 사랑스러운 느낌만을 느껴보도록 합니다.

시간이 필요하다면 자신에게 충분히 시간을 주어도 괜찮습니다.

수호천사 날개깃 느끼기

① 수호천사의 느낌을 느꼈다면 등 뒤에 서 있는 수호천사를 느껴보도록 합니다.
② 따뜻하고 부드러운 수호천사의 손길이 내 어깨에 닿은 느낌을 느껴보도록 합니다.
③ 수호천사의 날개가 펴지며 나를 포근히 감싸 안습니다.
④ 그 포근한 날개깃에 잠시 나의 몸과 마음을 맡겨두도록 합니다.

상쾌한 바람 즐기기

멋진 풍경을 감상하기 위해 정상을 향해 산을 올라가 보신 적 있으시지요?

한 걸음 한 걸음 정상을 향해 올라가다 보니 다리도 아프고 몸도 힘들었지만 마침내 정상에 도착했을 때 그 시원하고 확 트인 느낌을 기억하시나요? 자연이 주는 상쾌한 바람에 나도 모르게 그만 하~! 하고 숨을 내쉬며 눈을 감고 숨을 크게 들이 마셨던 순간이요.

① 자신의 경험에서 가장 상쾌했던 바람을 맞이한 순간을 떠올려봅니다.
② 지금 수호천사와 나는 그 공간으로 이동해서 상쾌했던 바람을 느끼며 쉬고 있습니다.
③ 바람의 결 하나하나 내 피부로 느껴보세요.
   내 피부를 스쳐 가며 간지럽히는 느낌, 그 부드리움, 마침내 나의 피부 하나하나가 바람과 함께 숨을 쉬는 것을 느껴 봅니다.

[제2장] 우아한 기 살리기의 준비

바람 속에 기억 놓기

바람은 왔다가 스쳐 지나간다는 것을 알고 있을 겁니다. 바람은 살랑이며 나에게 와서 놀다 가기도 하고 때로는 강하게 나를 치고 가기도 합니다.

우리는 그런 바람이 좋다고 한없이 붙잡지 않으며 세

차게 분다고 미워하지 않습니다.

　우리가 안고 있는 기억도 마찬가지입니다. 기억은 바람처럼 나에게 잠깐 머물며 지나가는 손님입니다.

① 바람과 함께 숨을 쉬는 내 몸을 느꼈으면 이제 마음의 공간 속 중심에 머물러 봅니다.
② 오늘 하루 있었던 장면들을 떠올리며 그것이 좋은 기억이던 나쁜 기억이던 바람결에 모두 실려서 떠나보냅니다.
③ 보내지지 않는 기억이 있으면 그것을 잠시 마주하며 호흡을 후~ 하고 내쉽니다.
④ 보내지지 않는 기억 속에 또 다른 과거의 기억이나 내가 판단하고 있는 생각이 있는지 지켜봅니다.
⑤ 지금 내가 생각하고 판단하는 것과 기억은 아무 연관이 없다는 것을 알고, 기억과 생각과 판단했던 모든 것들을 바람결에 떠나보냅니다.
⑥ 지금 모든 것을 다 떠내 보낼 필요는 없습니다. 기억을 떠나보내는 것은 억지를 쓰지 않는 것입니다. 수호천사의 날개깃이 나를 도와 지금 바라본 모든 기억을 바람결에 실려 보낼 수 있도록 잠시 나의 곁

에서 물러서도록 합니다.
⑦ 바람 속에 기억 놓기의 핵심은 좋은 기억과 나쁜 기억을 모두 실려 보내는 것입니다.

"사랑해" 듣기

I love you...

기억은 우리에게 보이지 않는 마음의 공간으로 자리 잡습니다. 기억이 내 마음속 공간을 꽉 채우고 있다면 그것은 마치 짐으로 꽉 찬 방과 같아서 새로운 것을 들여놓을 틈이 없게 됩니다.

바람 속에 기억 놓기를 마쳤다면 "사랑해"라고 말해 주는 수호천사의 목소리를 들을 수 있게 될 것입니다.

"사랑해"라는 표현이 너무나 어색하고 힘든 분들도 계실 겁니다.
가깝게는 사랑하는 사람, 동물, 식물, 생명이 없는 물건들도 내가 애정 어린 눈으로 바라보고 정성스러운 손길이 닿으면 반짝반짝 빛이 난다는 것을 잘 알고 있을 것입니다.

공주님의 우아한 기 살리기

수호천사는 이렇게 "사랑해"라고 매 순간을 얘기해주고 있지만 자신의 마음속 공간이 그것을 허락지 않아 느끼지 못하는 경우가 많습니다.

① 잠시 눈을 감고 수호천사가 전해주는 "사랑해"라는 소리에 귀 기울여 보세요.
그것은 음악의 아름다운 선율일 수도 있고, 내가 너무나 만나고 싶어 했던 영화 속 주인공의 목소리로

대신 전해져 들려 올 수도 있습니다.
② "사랑해"라는 말이 어색해도 그것에 계속 귀를 기울이고 애정의 눈길로 바라봐줍니다.
또는 사랑과 관련된 따뜻한 영상을 떠올리며 기다려도 좋습니다.

"사랑해요" 말하기

"사랑해요"라고 말할 수 있는 것은 우리가 가진 가장 큰 축복입니다. '사랑'은 언제나 모든 걸 감싸 안고 얼어붙은 모든 것을 녹여주는 힘이 있습니다.

언어를 배울 때 우리는 "사랑해요"라는 말을 먼저 배우고 즐겨하는 특성이 있습니다. 믿기지 않는다면 자신이 아는 외국어 중에서 '사랑'이라는 단어를 얼마나 많이 알고 있는지 떠올려 보세요.

"사랑해요"라는 말이 미소를 짓게 하고 우리를 설레이게 하며 긍정적인 방향으로 나아가게 만드는 힘찬 에너지가 있기 때문이랍니다.

① "사랑해"라고 듣기를 하였다면 이번엔 "사랑해요"라고 응답을 해 줍니다.
② "사랑해요"라는 말에 꼭 진심을 담아야 하는 것은 아니니 안심하고 말해주세요.
③ "사랑해요"라는 말 속에 이미 진심이 담겨져 흘러갈 것입니다.
④ 마음에 영양제를 주듯이 "사랑해" 듣기와 "사랑해요" 말하기를 듬뿍듬뿍 해주세요.

⑤ 단, 내 마음이 받아들이지 않는다면 잠시 멈추고 괜찮다고 토닥여줍니다.

새싹이 자라고 꽃이 피어 내가 말을 하기도 전에 "사랑해요"라고 자동적으로 응답을 해주는 자신을 발견할 수 있을 것입니다. 마찬가지로 핵심은 억지로 힘을 들여 하지 않는 것입니다.

자신만의 부드러운 방식을 찾아 나가는 것도 아주 재미있는 놀이랍니다. 아이처럼 즐기면서 하세요.

빛의 밀도 높이며 대지에 연결하기

수호천사의 모습은 사람의 형태로 나타나기도 하지만 사실 천사들은 형태가 없는 순수한 빛 그 자체입니다. 앞에서 수호천사와의 관계를 맺었다면 이제 그 빛의 밀도를 높이며 대지에 몸을 연결하는 것입니다.

우리는 중력의 영향을 늘 받으며 살아가는 존재입니다. 빛의 연결을 높이며 대지에 몸을 연결하면 중력 속에 중심을 잡고 마음과 몸의 안정감을 동시에 느끼게 됩니다.

공주님의 우아한 기 살리기

① 캄캄한 하늘을 상상하고 그 속에 무수한 별들이 떠 있다고 상상합니다.
② 반짝반짝 빛나는 그 별들 속에 유난히 더 빛나는 동그란 물체가 하나 있습니다.
③ 이제 동그란 물체가 점점 나의 머리로 내려오며 더 크고 밝게 빛나게 됩니다.
④ 머릿속에 내려온 빛은 이윽고 내 머리의 꼭대기점에 닿아 나의 머릿속을 환히 채웁니다.
⑤ 이제 그 빛이 점점 나의 목, 가슴, 배, 골반과 꼬리

뼈로 내려오며 하나의 통로를 만듭니다.

⑥ 이제 그 빛은 대지 끝까지 뿌리를 내려 나와 지구의 중심점 하늘을 하나로 이어줍니다.

⑦ 마지막엔 의자에 앉거나 서서 두 발이 대지와 든든히 연결되어 단단히 자신을 지지하고 있음을 느껴봅니다.

처음에는 빛의 통로가 약하고 흐릿하지만 수호천사 기공을 계속 연습하고 빛의 통로를 열어주면 점점 빛이 선명하고 강해지면서 자신의 머리끝부터 발끝까지 황금빛으로 가득 빛나는 경험을 하실 수 있게 됩니다.

5. 모두 주는 고마운 햇님

Only Giver

햇살은 조건 없이 모든 것을 내어주는 참 고마운 존재입니다. 태양 빛은 은혜롭고 따스한 온정이나 보살핌을 비유적으로 이르는 말이라고 합니다.

생명을 자라나게 하고 생명을 꽃피우기 위해 오늘도 어김없이 태양은 자리를 지키고 있습니다. 때로는 구름이 하늘을 가리고 어두운 밤이 오기도 하지만 태양이 없어지는 것이 아닙니다. 내일이 오고 구름이 비켜나면 태양은 다시 반짝하며 따뜻한 빛을 전해주지요.

추운 겨울이 지나 따뜻한 봄이 오면 사람들은 저절로 야외에 나가서 활동하는 것을 좋아하게 됩니다. 이것은 참 자연스러운 현상이지요. 벚꽃이 만개한 거리를 걸으며 살랑이는 봄바람을 즐기며 따뜻한 햇살 아래 노닐다 보면 걱정과 시름이란 이 세상에서 없는 것처럼 보이니까요.

가끔은 원앙 같은 커플을 바라보며 잠시 질투를 느끼기도 하지만 그래도 세상을 다 가진 것처럼 풍요로운 마음이 가득합니다.

내가 무언가 베풀려고 노력하지 않아도 햇살은 당연하게 나에게 모든 것을 주고만 있었다는 사실, 더 좋은 것은 지금 햇살에게 고맙다고 얘기하지 않아도 지금 이

[제2장] 우아한 기 살리기의 준비

자리에서, 또 내일이면 햇살은 고루고루 생명의 기운을 불어 넣어주고 있다는 것입니다.

현대인들은 햇살에 과도하게 민감한 반응을 보입니다. 특히 여성분들은 햇살이 피부의 적인 것처럼 썬크림을 바르고 실외 활동을 자제하려고 하는 경향이 있습니다.

일광욕은 그 자체로 신체적, 심리적으로 사람을 건강하게 만드는 큰 효과가 있습니다.

반대로 요즘에는 햇살이 자체적으로 제공해주는 비타민D가 부족해서 관련된 비타민을 챙겨 먹고 병원에서 주사로 대신하기도 합니다.

지금 자신이 생활하는 동선을 한 번 살펴보세요.

집안, 사무실, 자동차 등등 이동하는 경로에서 태양빛을 쐬는 시간이 얼마나 되는지요. 그런데 잠시라도 태양 빛을 쐬는 시간이 생겨도 자외선을 걱정하며 썬크림을 바르지 않은 것을 걱정하지요.

실제로는 시간을 내어 햇살을 만끽하며 즐겨도 피부가 상하거나 건강에 해를 주는 일이 전혀 없답니다. 오히려 자신이 인지하지 못한 소소한 생활습관이 문제인 경우가 더 많습니다.

혹시 아직도 자외선이 너무 강해서 "나는 햇살이 싫어!"라고 말하는 분들은 없겠지요.
이제부터는 강렬한 태양의 자외선을 걱정하지 않고도 충분히 햇살의 기운을 만끽하는 방법을 알려드리겠습니다.

야외로 나가 태양 빛을 직접 쬐는 것을 권장합니다. 하루에 3분만 투자해도 비타민을 챙겨 먹는 일보다 쉽기도 하고 또 이것은 모두 자연이 주는 싱그럽고 너그러운 힘이랍니다.

태양 빛이 있는 곳에서 이 작업을 하셔도 되고 강렬한 태양 빛이 부담스럽다면 그늘에 가서 하셔도 된답니다.

① 그늘이 있는 아주 커다랗고 푸르른 나무 아래 등을 기대고 앉는다고 상상합니다.
② 바람은 실크의 감촉처럼 나를 감싸 안고 그 바람결에 살랑살랑 움직이며 사각사각 소리를 내는 나뭇잎의 소리를 들어봅니다.
③ 작은 나뭇잎 사이사이로 태양 빛이 스며 들어 은은

하게 나를 비춰주고 있습니다.

④ 태양의 빛은 밝고 부드럽고 따뜻합니다.

⑤ 이제 나의 머리 뒤에서 좀 더 밝게 빛나는 태양을 느껴보도록 하세요.

⑥ 그 태양의 기운이 나의 머리끝부터 발끝까지 흘러 들어가 어둠 대신 빛으로 가득 채워지도록 놓아두세요.

⑦ 태양은 내가 잘하려고 하지 않아도 생명의 기운을 불어 넣어주며 빛으로 채운다는 사실을 기억하고 이제 눈을 뜨세요.

이렇게 햇살의 기운을 가득 받다 보면 하루하루 풍요로워지고 생명력이 넘치는 자신을 발견할 수 있을 것입니다. 처음에는 햇살의 기운을 직접 받고 서서히 적응이 되면 실내에서 잠시 내가 쉬고 싶을 때마다 이 작업을 행하시면 더 좋습니다.

6. 예쁜 소리 고운 말씨

고운 말에 담기는 힘

고운 말은 고운 세상이라는 선물로 보답합니다.

예전에 존경스러웠던 한 사람의 말은 이러한 것이었습니다.

"나는 싫어하는 사람이 생겨도 그 사람의 좋은 점만 바라보고 좋은 점만 얘기해줘. 그렇게 좋은 점만 얘기하다 보면 어느 순간 좋은 점들이 자꾸 눈에 띄게 되고, 그 사람이 좋은 사람으로 바뀌어 있더라고."

네, 맞습니다.

이것이 바로 고운 말에 담기는 힘인 것이지요.

실제로 주변에서 늘 인기가 좋고 하는 일도 무엇이든 무난하게 하는 그런 여유로운 사람이었답니다.

생각과는 다르게 말에는 힘이 있습니다.

당연한 결과이지만 고운 말을 쓰는 사람일수록 주변 사람들도 여유 있고 교양 있는 사람들로 넘쳐납니다. 요즘은 착한 척, 고운 척하지 말고 차라리 시원하게 욕을 하라고도 합니다.

[제2장] 우아한 기 살리기의 준비

자신의 마음이 시원해진다면 가끔은 한 번씩 그렇게 해 보는 것도 좋습니다.

하지만 이것은 생활이 되어서는 안 됩니다. 말은 사람을 묘하게 닮아가기도 하며 또한 사람이 말을 닮아가기도 합니다. 말에 담기는 힘을 알고 그것을 잘 이용할 줄 아는 사람이 현명한 사람입니다.

예쁘고 고운 꽃들이 바람결에 살랑이며 꽃향기를 퍼트릴 때 우리는 기분이 좋아집니다.

고운 말은 이것과 같습니다. 내 주변에 고운 말로 살랑살랑 향기를 퍼트리는 사람과 늘 어두운 말로 침울하게 있는 사람 중 누구와 함께하고 싶은지요?

사람의 마음은 말에 그대로 담겨 전달이 됩니다.

내가 만약 이것을 못하겠다면? 예쁘게 화장을 하고 예쁜 옷을 입고 상냥한 미소를 짓고 연습을 해보세요. 거울을 보면서 자신을 관찰해보세요. 그리고 자신의 가장 예쁜 점만 칭찬해보세요.

어느 날이면 '내가 이렇게 예쁘고 고운 공주님이었구

나..!' 하는 자신을 발견할 수 있을 거랍니다.

7. 나를 이끄는 반짝이는 별

바른 자세와 예쁜 몸매 당당하게 어필하기

바른 자세와 예쁜 몸매. 많이 들어본 얘기지요?

독자분들은 이 글을 읽자마자 역시나 똑같은 내용을 말할 것이라고 생각했을지 모릅니다.

흔히 바른 자세가 필요하다고 하면 곧바로 허리를 똑바로 펴고 어깨를 앞으로 내밀며 펴는 것으로 목을 잔뜩 긴장시키는 획일화 된 자세를 취하려고 합니다.

자, 그럼 제가 질문을 드려보지요.

내가 생각하는 바른 자세를 했을 때 얼마나 긴 시간을 그렇게 유지 할 수 있나요?

목과 허리의 과도한 긴장으로 인해 몸의 움직임이 불편하게 느껴진 적은 없나요?

예쁜 몸매의 기준점은 TV에 나오는 연예인 정도는 되

[제2장] 우아한 기 살리기의 준비

어야 한다고 생각합니다. 저는 예쁜 스튜어디스가 떠오른답니다.

이렇게 비슷한 이미지를 떠올리는 건 현대 사람들이 상식적으로 생각하는 기준점과 주변에서 바른 자세와 예쁜 몸매에 대한 인식이 정형화되었기 때문이랍니다.

저는 평균 여성의 키보다 작은 키에 글래머스한 타입은 아닙니다. 비키니를 입고 자신만만하게 다른 여성과 비교할 수 있는 몸은 아니지요. 그래도 수영장에 가면 비교적 당당하게 비키니를 입고 다닙니다. 가장 매력적인 부분을 어필할 수 있도록 꾸민 다음에 말이지요.

"와~ 비키니가 참 잘 어울려."라는 말은 들어봤어도 "참 별로야."라는 말은 들어본 적이 없습니다. 제 주변에 키도 훨씬 크고 모델 같은 몸매의 소유자들이 있었음에도 말입니다.

분명 이상적인 예쁜 몸매는 아닌데 어떻게 이게 가능할까요? 그것은 저의 가장 자연스러운 부분들을 어필했기 때문입니다.

예를 들면, 제 피부 톤에 가장 어울리는 비키니를 고

공주님의 우아한 기 살리기

른 후 가장 자신 있는 부분은 드러내고 자신 없는 부분은 감추기도 합니다. 그러면 저절로 움츠러든 자세가 펴지고 내 걸음걸이와 행동이 자연스러워집니다.

아무리 모델 같은 몸매를 지닌 사람이라고 하더라도 어딘지 모르게 자세가 구부정하고 자신감이 없는 사람들은 예뻐 보이지가 않습니다.

분명 나보다 훨씬 예쁜데 무엇이 부족하지? 하고 관찰을 해 봤습니다.

평균적으로 꼽는 이상향적인 모습과 닮지 않았는데 예쁜 사람이 있는가 하면 완벽한 것 같은데 자신감 없는 사람들이 있었기 때문이었지요. 특히 해외에 나가면 한국 여성들이 참 예쁜 몸매를 가졌다는 생각을 많이 하게 됩니다. 그럼에도 여유가 넘치는 우아함과 매력은 외국 여성들에게서 더 많이 풍겨 나오는 이유는 무엇일까요?

요즘은 연예인 못지않게 일반인들도 퍼스널 트레이닝을 받고 자신의 예쁜 몸매를 위해 가꾸기를 좋아합니다. 저도 한때는 개인 식단을 구성하고 퍼스널 트레이닝을 받으며 예쁜 몸매 가꾸기에 몰입했으니까요. 그렇지만

[제2장] 우아한 기 살리기의 준비

이것은 겨우 한 달 만에 끝나고 말았습니다.

목표하는 지향점에 도달하기 위해 스스로 하지 말아야 할 것들이 너무 많았고 억지로 끌고 나가야 할 것들이 너무 많았습니다. 그렇다 보니 반대로 표정이 어두워지고 몸이 딱딱하게 굳어만 갔습니다. 필요 없는 과다한 긴장이 불러온 부작용이었습니다. 모델 같은 몸매가 꼭 다른 이들의 관심을 갖는 조건이 아니었음에도 저는 그렇게 믿고 있었던 것 같습니다.

자신다운 평범함과 자신다운 자세가 가장 예쁘고 바른 것입니다. 그렇다고 허리를 잔뜩 구부리고, 한쪽 다리를 꼬며, 목을 뒤로 빼거나 앞으로 내밀거나, 턱을 괴는 자세 등이 바르다고 하는 것은 아닙니다. 이러한 자세는 불균형을 만들고 비틀림을 만들지요. 자신에게 맞는 신발을 신고 우아하게 걷는 여성과 불편한 구두를 신고 힘들게 걸어가는 여성의 모습은 다릅니다.

바르고 예쁜 것은 자연스러운 것이지 정형화된 틀 속에 맞추는 것이 아닙니다.

몸의 소리에 귀 기울이고 관찰하기

현재의 자세는 나의 하루하루가 만들어 온 습관의 반영입니다.
더 예뻐지기 위해 나아가던 습관들,
나의 부족한 모습을 감추기 위해 움츠렸던 습관들,
무언가 빨리빨리 해내려던 목표 지향적 습관들,
컴퓨터와 스마트폰만 들여다보며 멍하니 보낸 습관들이 몸에 반영이 된 것입니다.

그러니 자연스러운 자세에 대해 얘기해도 단번에 고쳐지는 것이 아니라는 것은 이해해주시기 바랍니다.

자신의 몸에 조용히 귀 기울여 소리를 들어본 적 있으신가요?

몸도 음악과 같이 고유한 소리를 냅니다.
가장 자연스러운 몸의 상태는 잡음 없이 주변 공간과 조화를 이루고 있는 몸이랍니다.
이것은 고정적인 패턴으로 묶인 몸이 아닙니다.

[제2장] 우아한 기 살리기의 준비

   무언가를 잘해야만 한다고 생각할 때,
   무언가를 옳게만 하려고 할 때,
   자신의 실수를 너그럽게 이해하지 못할 때,
   자신이 판단한 대로만 세상을 보려고 할 때 우리의 몸은 긴장되고 아프고 고정된 패턴으로 묶이게 됩니다.

   내 몸도 아프면 시끄럽습니다.
   긴장되고 아프고 고정된 패턴들이 소음을 내는 것이지요. 몸이 아플 때 주변의 소리를 함께 들어보면 조용하기보다 온통 소음으로 가득했던 경험이 아마 있으실 겁니다. 이것은 몸이 스스로 내는 소리이기도 합니다.

   이제부터는 몸의 소리에 귀를 기울이고 아픈 곳이 있다면 그곳에 집중을 해보는 것입니다.
   '~이잖아.', '~때문이야.'라는 판단이나 질책은 미리 접어두도록 하세요.
   그냥 있는 그대로의 소리를 듣는 것입니다.

   지금 어떤 소리를 내고 있나요?
   가장 시끄러운 곳은 어디인가요?

가장 편안하고 조용한 곳은 어디인가요?

내 몸은 주변 공간과 어울려 조화로운 화음을 내고 있나요?

나는 주변 공간의 소리를 소음으로 듣고 있나요?

정답 찾기가 아니니 있는 그대로 느껴보시기 바랍니다.

이렇게 몸의 소리를 계속 듣다 보면 자신의 습관으로 고정된 패턴을 푸는데 아주 효과적입니다. 몸은 내 생각으로 지배하는 대상이 아닙니다. 관심 가지고 아껴주고 이해해야 할 대상이랍니다.

두 번째 방법은 자신의 모습을 제3자의 시각에서 보는 것입니다.

혼자서라면 거울을 이용해도 좋고 더 좋은 방법은 다른 이에게 관찰을 해달라고 부탁해보는 것입니다. 그리고 가장 평범한 것들을 해보는 것이지요. 의외로 자신이 인지하지 못한 다른 모습을 관찰하면서 놀라워하게 될 것입니다.

[제2장] 우아한 기 살리기의 준비

의자에 앉고 서고, 또 바닥에 앉았다가 서야 할 때 나는 무심코 어떤 행동을 반복할까?

커피를 마실 때 나는 어떻게 마시지?

밥을 먹을 때는 나는 어떻게 먹지?

스마트폰을 볼 때나 일에 몰입해서 컴퓨터로 작업을 해야 할 때 너무 빠져들 듯이 저절로 고개가 앞으로 가는 것은 아닐까?

또 이때 굽어진 등을 펴기 위해 반대로 허리에 잔뜩 힘을 준 채 펴는 동작을 반복하고 있는 것은 아닐까?

사람들과 말을 할 때 나는 습관적으로 어떤 행위를 반복하고 있지?

타인의 시선으로 나를 바라보는 것입니다.

처음에는 물론 좋지 않은 습관만 보이게 됩니다. 그것이 정상입니다. 알게 되는 순간 멈추고 다른 방향을 향해 나아갈 수 있으니까요.

오늘부터 스스로 거울을 보며 가장 바르고 예쁜 순간을 위한 연습을 해보세요.

예쁘고 바르기 위해 내가 지금 그만두어야 할 것은 무

엇인가를 고민해보세요.

나에게 자연스럽고 유연한 흐름이란 무엇인지 귀를 기울여 보세요.

이렇게 몸이 내는 소리에 귀를 기울이고 관찰하다 보면 매 순간 새롭게 변하는 자신의 몸을 알게 되실 겁니다. 정형화된 예쁨보다는 자신만의 매력 넘치는 몸을 가꿔보도록 하세요.

8. 내가 하고 싶은 일

~하지만

무언가 해야만 하는 일과 하고 싶은 일의 차이점은 무엇일까요?

"여행을 가도 일 생각에 제대로 쉬지를 못했어."
복잡한 일상을 떠나 여행을 갔는데 일 생각이 머리를 떠나지 않습니다.

[제2장] 우아한 기 살리기의 준비

내일 다시 일상으로 복귀할 생각을 하니 어쩐지 지긋지긋하기도 합니다. 가끔 '나는 언제까지 이렇게 살아야 하지?'란 생각에 시름시름 앓기도 합니다.

만약 일상이 여행 같고 여행을 일상처럼 즐기는 사람을 보면 어떠할까요?

사람들은 자신이 하고 싶은 일을 하며 신나게 살아가는 사람들을 더 부러워하고는 합니다. 자신만의 삶과 여유가 있는 사람들이지요.

언젠가 이런 삶을 살겠다고 노력하기보다는 하루하루에 충실하고 또 일도 기쁨이 되어 있는 행운의 사람들이지요.

그럼 나도 그렇게 살아갈 수 없을까?
충분히 그렇게 살 수 있는 방법이 여기 있답니다.

성인이 된 후보다 어릴 적이 행복하고 좋았던 이유는 무엇일까요? 공부를 하는 게 재미가 없었어도 무언가를 열심히 하며 행복했던 이유는 무엇일까요?

아마도 내가 하고 싶은 일을 할 수 있을 것이라는 믿

음이 존재했기에 가능했을 것입니다. 그래서 조금은 힘들고 지치더라도 자신의 꿈을 향해 나아갈 수 있었을 것입니다.

"내가 하고 싶은 일이 무엇인지도 모르겠어."
"내가 하고 싶은 일을 지금 한다는 것은 사치야."라고 생각하실지도 모릅니다.

그런데 하고 싶은 일을 찾는 것과 꿈을 향해 나아가는 것은 생각보다 쉬운 일입니다. 자신의 기대치를 낮추기만 하면요.
당장에 너무 큰 변화를 기대하지 않으면 매일 매 순간 자신이 하고 싶은 일을 찾아서 할 수 있답니다. 변화란 그렇게 작은 곳에서부터 시작하지요.

우리가 일상에서 하는 무의식적인 말들 중에 이런 말이 수없이 많습니다.

"그때 말야.. 정말 한소리를 크게 하고 싶었는데 할 수가 없었어."

[제2장] 우아한 기 살리기의 준비

"그때 말야.. 아니라고 거절을 하고 싶었는데 할 수가 없었어."

사소한 일들에서부터 이미 하고 싶지 않은 일들을 계속 선택하고 있는 자신을 발견할 것입니다. 나의 일상들이 하고 싶지 않은 것들의 연속성상에 놓이게 되면 나중에 진짜 하고 싶은 것을 할 수 있는 선택의 힘을 잃게 된답니다.

지금 하고 싶은 것을 선택해도 충분히 괜찮다고 믿지 못하는 것이지요.

세상에서 자기 자신을 행복하게 해주는 일보다 중요한 것은 없답니다. 자기 자신을 책임질 줄 아는 것보다 더 아름다운 것은 없답니다. 그리고 이것은 매 순간, 지금 이 순간에도 펼쳐지고 있답니다.

한 번, 두 번이 어려운 것이지 이것도 하다 보면 해볼만 하다고 느껴지게 된답니다.

자신이 하고 싶은 것을 선택하는 힘이 생기면 조금씩 자신의 삶도 하고 싶은 일들을 하게 되는 연속성상에 놓이게 됩니다.

이것이 바로 성공과 행복을 동시에 거머쥔 사람들의 행운이기도 했답니다.

자신을 먼저 생각하는 사람은 아름다운 사람입니다.

...하면 ~

진짜 하고 싶은 것이란 아주 단순하고 쉬운 일입니다. 진짜로 하고 싶은 것을 찾았어도 가로막히는 장벽들이 있습니다.
바로 지금은 그것을 하면 안 된다는 생각들이지요.

대부분의 현대인들은 일상에 지쳐있기 때문에 가장 해 보고 싶은 것을 찾아보라고 하면 처음으로 나오는 것이 바로 '휴식'입니다.

사람들에게 묻습니다.
"지금 가장 하고 싶은 게 무엇이예요?"

[제2장] 우아한 기 살리기의 준비

"돈을 벌고 싶어요."

"돈을 번 다음에는요?"

"여행을 다니고 싶죠."

"여행을 가서는 무엇을 하고 싶나요?"

"현지에서 친구들도 만나 놀고 싶고 또 잠도 실컷 자며 게으름을 피우고 싶어요."

"그럼 지금 친구들도 만나서 놀고 잠도 자며 게으름을 마음껏 피워보세요."

"네? 지금 제가 그럴 때인가요? 그렇게 게으름 피우며 여유 부릴 시간이 없다구요."

..을 하면 ..할 거야..

바로 이 말 속에 진짜로 하고 싶은 것을 찾는 두 번째 비밀이 숨겨져 있답니다.

지금 하고 싶은 것은..

돈을 버는 것도 아니고,

여행을 가는 것도 아니고,

친구들 만나서 놀며 마음껏 게으름을 피워보는 것이지요.

너무나 단순한 답이지만 이것을 하는데 사람들은 많은 장벽을 만나게 되는 것을 발견했습니다. 바로 그렇게 할 때가 아니라는 것입니다.

당장 그렇게 할 시간이면 지금도 해야 할 게 가득하다는 답변이었습니다.

그런데 잠시 이렇게 자신이 하고 싶은 것을 당장 한다고 해도 큰일이 날 일이 전혀 없답니다.

사람들보다 뒤처지는 것 같고 나약해지는 것 같지만 하고 싶은 것을 하는 시간이야말로 자신을 회복시키고 나아가게 하는 큰 원동력이 된답니다.

그러니 하고 싶은 것을 잠시 해보는 것을 겁내지 마세요.

막상 실컷 게으름을 피우려고 누웠더니 잠시 음악을 들으며 편히 휴식하고 싶습니다. 음악을 들으며 편히 휴식을 하다 보니 책이 읽고 싶어집니다.

마음에 드는 책 한 권을 골라서 읽다 보니 어느 소절이 갑자기 마음에 와닿으며 용기를 줍니다. 갑자기 글이 쓰고 싶어집니다.

[제2장] 우아한 기 살리기의 준비

글을 쓰다 보니 내가 해야 할 것들을 잠시 손에서 놓아도 괜찮다는 것을 알게 됩니다. 글을 쓰다 보니 내가 하고 있는 것들을 즐겁게 할 수 있는 방법들이 찾아집니다.

그렇다면 이제부터 즐겁게 할 수 있는 방법들을 가지고 한 발짝 더 나아가면 된답니다.

세상에는 시기가 너무 늦는 일도 없고, 그 시기를 놓쳤다고 해서 당장 큰일이 나지 않는답니다. 때로는 잠시 물러선 어느 지점에서 기회가 오기도 하고 우연히 들른 어느 장소에서 소중한 인연을 만나기도 하는 법이니까요.

하고 싶은 일을 찾아서 적극적으로 하는 것을 겁내지 마세요. 그리고 그것을 지금 해도 충분히 괜찮답니다.

우리의 삶은 달리기를 하며 앞으로만 나아가는 경주가 아니니까요.

이처럼 진짜로 하고 싶은 것을 하나씩 찾아가면서 실천을 해보면 의외로 나는 게으르지 않다는 것을 발견하게 됩니다.

공주님의 우아한 기 살리기

9. 타력 본원

자력 본원과 다섯 악마

요즘 사람들은 스스로 무언가를 열심히 해서 성취를 하는 것을 좋아합니다. 꾸준히 자신을 계발하기 위해 노력하는 사람이 많지 나는 아무것도 안 하고 놀기만 할 거라는 사람들이 별로 없습니다.

앞서서 얘기한 수호천사 기공이나 혹은 종교에서 신을 믿으면 신이 알아서 해주실 거라는 믿음을 타력본원이라고 얘기합니다. 이것은 나의 온전한 힘으로 성취를 하는 것이 아니라, 나보다 더 높은 힘이 있기에 그것을 믿고 모든 것을 맡기는 것을 말합니다.

성취를 해도 나의 힘이 아니고 성취를 하지 못해도 나의 힘이 아닙니다.

하지만 현대인들은 점점 자신이 무언가를 열심히 해서 성취를 해내는 것을 좋아하지, 나보다 더 높은 힘이 알아서 해 주신다는 데에 대한 기대감이 별로 없습니다. 그렇게 되면 자신은 힘없고 나약한 존재인 것만 같은 느

[제2장] 우아한 기 살리기의 준비

낌이 들기 때문입니다.

특히, 이것은 힐링을 하거나 명상을 하거나 기도를 하는데 있어서도 마찬가지입니다. 내가 수련하고 내 스스로 노력을 해서 자신에 대한 구제를 자신이 하는 것이지요. 이것을 자력 본원이라고 합니다.

내 스스로 노력을 해서 성취를 하는 데 뜻을 두는 자력 본원에는 다섯 가지의 악마가 존재합니다.

첫째 악마
자신이 갖지 못한 것을 가지고 싶어 하는 악마

둘째 악마
자신이 가진 것을 버리고 벗어나고 싶어 하는 마음의 악마

셋째 악마
외면하고 다른 것에 관심을 두면 저절로 해결될 것이라 여기는 악마

넷째 악마
컨트롤 된 것 같으면 들뜨고 도취되고, 컨트롤 된 것 같지 않으면 죄책감과 후회에 휘말리게 하는 악마

다섯째 악마
아무것도 안 해도 충분히 괜찮다는 것을 의심해서 무언가 더 나아지려고 노력하게 만드는 악마

그리고 마지막 이 모든 것을 내가 했을 때에서야 안심할 수 있는 컨트롤 대마왕이 존재합니다. 이것이 현재 많은 사람들이 끝없는 자기계발에 몰입을 하고 자신을 채찍질하는 가장 큰 원인이 됩니다.

나보다 더 큰 힘이 존재해서 그 힘이 온전히 나를 이끌어준다는 타력 본원이 싫어서 자력 본원을 택하는데 그 위에 다섯 악마와 그것을 지배하는 컨트롤 대마왕이 있다는 것을 모르는 것이지요.

그러므로 만약 자기계발에 심취해 있거나 내가 무언가를 해야만 나아질 것이라고 생각을 한다면 이미 다섯 악마와 컨트롤 대마왕에게 사로잡힌 것입니다.

인드라망

불교에서 세상을 보는 관점 중 하나인 인드라망에 대해 들어 보신 적이 있나요?

인드라라는 신이 사는 곳에 그물이 있는데 그물코마다 크리스탈이 있어서 서로가 서로를 비추고 비추어주

[제2장] 우아한 기 살리기의 준비

는 관계라는 것입니다. 이 크리스탈은 서로를 비출 뿐만 아니라 그물로서 서로 연결되어 있고 바로 우리가 사는 인간 세상이 이 인드라망과 같다는 것입니다.

예전에 이런 글을 본 적이 있습니다.
크리스마스의 트리가 반짝거리며 예쁜 이유는 하나의 불이 반짝이는 것이 아니라 수많은 전구들이 반짝이기에 예쁠 수 있다구요. 어느 날 내가 그 크리스마스의 트리인 줄 알았더니 사실 반짝이는 전구 중 하나였다는 사실을 알았지만 그래서 참 다행이라는 글이었습니다.

우리가 사는 세상이라는 것은 이렇듯 서로가 서로를 되비추고 서로가 서로를 반짝이게 하는데 힘이 있습니다.

내가 아무리 혼자서 잘나 보이기 위해 노력을 한다고 해도 사람과 사람으로 잇는 관계가 없다면 자신은 아무것도 아님을 잘 알게 됩니다.

자신이 자신을 구제하고자 하는 자력 본원에서 다섯 악마와 컨트롤 대마왕에게 사로잡힘을 얘기했었습니다.

요즘은 이기적이고 자신만을 위하는 독특한 트렌드가 유행을 해서인지 점점 독단적이고 폐쇄적인 문화의 경향성도 나타납니다. 이기적이고 자신만을 위한 독특한 트렌드가 나쁘다고 하는 것이 아닙니다. 오히려 저는 그것을 지향하는 편입니다.

하지만 이것이 세상과의 소통을 끊고 독단적이고 폐쇄적으로 가는 것에 대해서는 반대를 하는 입장입니다.

'나만 잘살면 돼.'

맞습니다. 일단 내가 잘 살고 난 다음에 세상을 둘러볼 여유가 생길 것이라 생각하실 겁니다. 그러나 내가 우선 잘 살고 난 다음에 세상을 둘러볼 여유는 영원히 오지 않습니다.

세상은 인드라망처럼 서로가 서로를 되비추고 반짝이는 것이기에 그렇지요. 내가 잘 되려면 내 주변과도 소통을 하며 때로는 남을 이끌어 주기도 해야 한답니다. 나 하나만 반짝이겠다고 노력을 아무리 기울여도 반짝이는 때는 오지 않습니다.

내 주변이 함께 반짝이지 않는다면, 그래서 나는 더

[제2장] 우아한 기 살리기의 준비

욱더 노력을 해야겠다고 무언가를 해내기 위해 애쓰고 있다면 지금은 자신보다는 주변을 둘러보아야 할 때입니다.

자신을 좀 너그럽게 이해하고 힘을 풀어주세요. 자신을 주변 세상에 관심을 기울이고 남을 한 번 돕는데 시간을 쓴다고 해서 더 늦어지거나 남들보다 뒤처지는 일이란 없답니다.

오히려 그것이 훨씬 도움이 되는 일이라고 저는 장담할 수 있습니다.

크리스마스의 트리는 모든 전구들이 한꺼번에 반짝일 때 아름답다는 것을 기억하세요.

내 세상을 내가 컨트롤 하려고 하지 않고 놓아둘 때 서로가 서로를 되비추며 반짝일 때 나의 세상도 함께 아름다워진답니다.

인드라의 궁전에 그물에 있는데 그물코마다 크리스탈이 있어서 되비치는 것이지, 크리스탈 하나가 반짝거리며 노력하려고 해도 아무 소용이 없습니다. 서로가 서로를 되비치는 것이기 때문에..

우리를 지배하는 신비로움

세상을 지배하는 신비로움은 늘 존재해 왔습니다.
우리는 그것을 종교적인 힘으로 해석을 하기도 하고 또는 과학의 힘에 의해 해석을 하려고 하기도 합니다. 사람들을 이렇듯 존재하는 신비로움을 해석하고 분석하고 싶어 하기도 하지요.

신비로운 힘은 그 자체로 비밀스럽습니다.

가끔 내게 일어나는 기적 같은 일을 볼 때..
누군가에게 일어나는 기적 같은 일을 볼 때..

사람들은 또 다른 기적을 만들기 위해 그것을 분석하고 알기 위해 노력하지만 그때마다 신비로움은 저 멀리 도망을 가버리지요.

개인에게는 신비로움을 일으킬 능력이 없습니다. 하지만 어느 날 어느 공간에서 무언가 맞닿을 때 일어나는 신비로운 현상은 분명히 있습니다.

[제2장] 우아한 기 살리기의 준비

그것이 진실인가?

공주님은 진실을 찾지 않는다고 하였지요.
진실이 저 너머의 먼 곳에 있다고 해도 내게 일어난 신비로움을 그냥 받아들이면 됩니다. 그 신비로움에 호들갑을 떨며 너무 기뻐할 필요도 없고 그 신비로움을 붙잡으려고 해석을 하려 해서는 더더욱 안 됩니다.
우리를 지배하는 신비로움은 그 자체로 비밀스럽고 그 자체로 모습이 없기에 그렇습니다.

저는 이것을 신이 존재하는 것이라고 생각을 한답니다.
내가 내 힘으로 아무리 노력한다고 해도 신이 해 줄 일은 알아서 해 주게 되어 있고 만약 그것이 나에게 옳은 방향이 아니라면 그 일이 좌절될 수도 있겠지요.
괜찮습니다. 옳은 방향이란 늘 한 가지로만 열리는 게 아니니까요.
좌절한 그 일이 나에게 어느 순간 행운으로 올지, 또 행운이 되었던 그 일이 나를 최악으로 이끌고 갈지는 자신이 전혀 장담할 수 없는 일입니다.
그럼에도 어느 날 애를 쓰고 노력을 하면서 채찍질하

는 모습을 발견했을 때 악마에 휘둘리는 것임을 알고 잠시 놓아둡니다. 게을러도 나태해도 괜찮다고 하면서요.

세상을 둘러보고 주변 공간을 둘러보고 나에게 전혀 도움이 될 것 같지 않은 일이 생겨도 서슴없이 해 줍니다. 우리는 서로가 서로를 되비추고 있으니까요.

그러다 보면 부쩍 성장한 제 자신과 또 삶에서의 작은 축복과 기적들을 만나기도 합니다.

신이 주신 신비로움에 감사하며 또 한 발짝 아무렇지 않게 발을 내딛는 것이 삶의 궤적이고 즐거움이 아닐까 싶습니다.

10. 중력장의 곡률

한 템포 멈추기

"하는 일마다 대체 왜 이렇게 꼬이는 거지?"
사소한 일 하나가 꼬인 것 같은데 연속해서 계속 일이

[제2장] 우아한 기 살리기의 준비

꼬여만 갑니다.

아침에 늦잠을 잤는데 마침내 앞에서 버스가 휑! 하니 지나가면서 차까지 밀립니다. 마음은 서두르게 되고 약속에 늦을 거 같아 급하게 전화를 하려는데 핸드폰을 떨어뜨려 액정이 깨집니다. 심상치 않은 기분이 들지만 애써 토닥이며 약속 장소에 나가봅니다.

하지만 그 날의 일은 최악의 시나리오대로 흘러가고 결국 만나는 사람과도 한바탕 다투고 오게 됩니다. 아무래도 오늘이 최악의 날로 기억될 것만 같습니다.

이렇게 하루가 지나고 다음 날은 반짝! 했으면 좋겠는데 한 번 삐끗 어긋나버린 것들이 좀처럼 회복될 생각을 하지 않습니다.

참 이상하지요.
좋은 일도 그렇지만 나쁜 일들도 일어날 때는 한꺼번에 몰려오듯 몰려온다는 것이요.

사람들은 이렇게 무언가 내게 심상치 않은 일이 일어나고 있다는 것을 느낌으로 압니다.

하지만 내가 멈추기에도 늦었다는 것을 알게 되지요. 나의 의지와는 무관하게 돌아가는 일들에 무력감을 느끼게 될 때도 많습니다.

대체 이런 일들은 왜 일어날까요?

중력장의 곡률이란 것이 있습니다.
물리학을 전공하거나 심도있게 공부한 것이 아니므로 간단하게 이해할 정도만 설명을 하겠습니다.

지구에는 중력이란 것이 있습니다. 이러한 지구의 중력은 중력장이라는 힘의 흐름을 만들고 이 흐름을 따라 우주의 공간이 구부러집니다. 지구의 중력에 의해 중력장이라는 필드가 왜곡을 일으키게 됩니다.

중력이라는 것은 다 아실 것입니다.
지구가 물체를 잡아당기는 힘을 중력이라고 하는데 이 힘 때문에 인간은 지구의 표면에서 생활할 수 있는 것입니다. 만약 이 중력이 엄청나게 강해진다면 어떻게 될까요?

[제2장] 우아한 기 살리기의 준비

바로 블랙홀이 되겠지요.

우리의 삶의 흐름도 이러한 중력장의 곡률에 따라 움직이고 있습니다. 행성의 궤도를 타듯 어떠한 궤도를 타고 움직여가고 있는 것이지요.

평온한 궤도에도 어느 날 한 발짝 움직였는데 그 궤도의 흐름에 빨려 들어가게 되는 것이 바로 좋은 일과 나쁜 일이 연속적으로 일어나는 흐름이 됩니다.

좋은 일만 연속적으로 일어난다면 당연히 그 흐름을 타야 되겠지만 만약 나쁜 일이라면 어떻게 할까요? 그 흐름의 궤도에서 벗어나는 것이 맞겠지요.

하지만 이것은 사람의 힘으로 가능한 것이 아닙니다. 즉, 내가 인위로 궤도를 벗어나게 할 수 없다는 것입니다. 그 궤도의 흐름과 맞지 않아 흐름의 힘이 저절로 나에게서 멀어지게 해야 합니다.

그래서 어떻게 하라는 것이죠? 바로 이상한 흐름이 감지되었을 때 멈추는 것입니다. 멈추고 아무것도 하지 않고 기다리는 것입니다.

공주님의 우아한 기 살리기

다시 처음으로 되돌아가 보죠.

아침에 늦잠을 자고 버스를 놓치고 택시를 탔는데 차가 밀립니다. 그렇다면 그 시점마다 급하게 무언가를 해결하려고 조급해하지 않는 것입니다.

멈추고 숨을 한번 내쉬며 후~ 이렇게요.

자동을 수동으로

"멈추세요." 하면 대부분의 사람들이 첫 번째로 반응하는 것이 얼어붙는 것입니다.

몸에 힘을 꽉 준 채로 그 자리에서 얼어붙는 것이지요.

하지만 멈추는 것은 얼어붙는 것이 아닙니다.

지금 하던 것을 바로 멈춰보세요.

자, 어떻게 하고 있었죠? 다시 또 멈추고 이번엔 관찰해보세요.

숨을 멈췄고 하려던 것을 정지해버렸지요. 그것은 멈추는 것이 아니라 그냥 정지한 채로 얼어붙는 것입니다.

얼어붙은 채로 다시 무언가를 시작하면 전에 일어난

[제2장] 우아한 기 살리기의 준비

반응과 동일한 반응을 보이게 됩니다.

이제 멈추기를 잘하는 방법에 대해 배워보겠습니다.

① 우선 내가 일상에서 하는 행동을 한 번씩 관찰하는 습관을 가져야 합니다. 가장 일상적인 것들을 말이지요. 컴퓨터에서 글을 쓸 때, 말을 할 때, 걷기를 할 때, 커피를 마실 때 등등.

② 누군가 내 모습을 그대로 사진으로 담는다고 생각해보세요. 어떤 모습일까요? 내가 움직임을 잠시 정지한 그 모습이 어떨까요?

내가 내 모습을 잠시 생각으로 촬영한다고 생각하고 정지해 보는 것입니다.

③ 촬영이 끝난 다음엔 어떻게 되지요? 아무렇지 않다는 듯 일상의 활동들은 그대로 진행이 될 것입니다.

여기에서 핵심이 있습니다. 정지한 상태에서 똑같은 일상으로 되돌아가는 것이 아닙니다.

정지한 상태에서 숨을 내쉴 때 휙 내뱉지 말고 숨을

공주님의 우아한 기 살리기

가득 담아둔 채로 천천히 내뱉습니다.

④ 촬영 전과 촬영 후의 내 동작은 조금이라도 달라진 것이 있도록 해야 합니다. 마치 틀린 그림 찾기를 하듯이 같지만 다르게 해야 합니다. 이렇게 전환하는 것이 바로 자동에서 수동모드로 전환이 되는 것입니다.

⑤ 처음에는 이것이 어렵습니다. 그래서 큰 동작을 일부러 바꿔보는 것입니다.

오른손으로만 마시던 커피를 왼손으로 마시고, 오른쪽으로만 닦았던 이를 왼쪽으로 닦아보기.

자동에서 수동모드의 핵심은 '내가 하던 것을 일부러 하지 않기'입니다.

⑥ 자동에서 수동모드의 전환 연습이 되면 이제 점차 미세한 동작을 감지하게 됩니다.

내가 숨을 쉬는 방식, 눈동자의 움직임, 근육 하나하나의 움직임까지 잠시 동안은 관찰을 하게 되고, 이제 그러한 것들을 습관적인 반응에서 멈추기를 하고 비습관적인 방식으로 변화를 줄 수 있게 됩니다.

멈추고 자동에서 수동으로 전환하는 것은 내 마음이 급할 때는 이루어지지 않습니다. 왜냐하면 사람들은 마음이 급해질수록 자동반사적인 행동을 하기 때문입니다.

'내가 이것을 하면 안 돼!'라고 하면서도 하게 될 때가 그렇습니다.

그렇기에 이 모드로의 전환은 평소에 관찰하는 힘을 기를수록 강해지게 됩니다.

싸우지 말기

자동에서 수동적인 모드로의 전환이 이루어졌다고 해서 중력장의 필드에서 바로 벗어나는 것이 아닙니다. 자동에서 수동적인 모드로 전환을 하는 것은 중력장이 스스로 나를 놓아둘 수 있도록 엇박자를 만드는 것입니다.

쉽게 예를 들어보죠.

사람은 자신과 어울리고 박자가 맞는 사람을 만나기를 선호합니다.

지난 여행에서 잠시 나와 친해진 누군가가 참 나와 잘

맞는다 생각했어도 막상 그 이후에 만나면 나와 맞지 않는 부분을 발견하게 될 때가 있습니다. 취향이 너무 달랐다거나 생활의 방식 자체가 너무 달랐던 것이지요.

그렇다면 그 관계를 억지로 유지하려고 할까요? 자연스럽게 엇박자가 날수록 서로는 서로에게서 벌어지려고 하겠지요.

중력장의 필드에서 벗어나는 방법도 이와 같습니다.

나를 끌어들이는 중력장의 필드에 계속 엇박자를 내는 것입니다. 평소에 하지 않던 것들을 함으로 인해서요.

우리 모두는 크고 작은 흐름 안에서 계속 움직이며 변화하고 있답니다. 그러니까 좋은 것도 나쁜 것도 너무 붙잡으려고 하지 마세요.

멈추기, 자동에서 수동으로 전환하기 다음에는 이것들과 더 이상 싸우지 않는 것입니다.

[제2장] 우아한 기 살리기의 준비

11. 형? 상? 그걸 왜 해야 하니?

충동이라는 몬스터

"뒤에서 소곤소곤하는 소리가 왠지 기분이 나빴어. 그래서 뒤를 돌아 화를 버럭 냈지 뭐야. 알고 보니 내 옷이 예뻐서 그랬던 건데 기분이 나빴다면 미안하다고 하더라구. 그래도 기분이 나빠져서 다시는 그렇게 뒤에서 소근대지 말라고 더 화를 냈지. 지금 지나고 보니 정말 별거 아니었는데.."

꼭 그럴만한 일도 아닌데 세상이 나를 향해 비웃는 듯한 감정이 일어날 때가 있습니다.

충동구매라는 것은 모두 경험해보셨을 겁니다. 또한 알 수 없는 공포나 불안으로 인해 폭식을 하거나 이유 없는 화를 주변에 내 보신 적이 있으실 겁니다.
 충동, 공포, 불안..
 무언가 내 안에 있는데 무엇이 있는지 알 수 없을 때가 많습니다.

그리고 외부에 이유가 있을 것이라 생각하고 그것을 해결하려 하거나, 아니면 다른 무언가로 위안을 얻거나 보상을 하려는 심리가 작동을 합니다.

여기까지는 들어봤을 것입니다. 그리고 그것을 해결해 보려고 참아도 봤겠지요.

그런데 어느 날이면 폭탄처럼 한 번에 팡! 하고 터지는 이유가 무엇일까요?

충동, 공포, 불안은 형태가 없기 때문입니다.
이와 같이 기쁨, 설렘, 행복도 형태가 없습니다.

그중 충동이라는 것은 기분이 좋을 때도 곧잘 일어납니다.

"오늘은 기분이 좋으니 내가 한턱 쏠께!"
"에잇! 일단 사고 보자! 알아서 어떻게든 되겠지.."
이렇게 해 놓고 곧바로 다음날 혹은 다음 달에 나온 카드 명세서를 보며 후회한 적 있으시지요?

형태가 없는 이러한 것들은 모두 몬스터입니다.
그리고 작게는 하루에 몇 번, 크게는 한 달에 몇 번씩

[제2장] 우아한 기 살리기의 준비

몬스터와 대결을 벌이고 있지요.
"지금 당장이 아니면 안 돼!"
"지금이 아니면 기회는 없어요!"라는 말을 얼마나 많이 듣고 계신지요?

요즘처럼 온라인의 쇼핑이 발달한 시대에는 눈에 띄는 곳곳에 몬스터가 잠재하고 있습니다. 몬스터는 평소에는 잠잠하게 있다가 내가 잠시 무언가에 넋을 놓는 순간 마음 놓고 활동을 하기 시작합니다. 마치 내가 아닌 다른 누군가가 나를 조정하는 것처럼..
실수를 해도 또다시 같은 실수를 반복하는 이런 일들을 나는 왜 벌이고 있는지 이해가 되셨나요?

그럼 이러한 몬스터를 없애야만 하는 것일까?
충동이란 것을 없애는 것은 가능하지가 않습니다. 다만 어느 쪽에서 일어났건 충동 자체는 좋은 것이 아닙니다. 그리고 충동이 강해질수록 삶 자체는 내가 통제할 수 없는 방향으로 흐르게 되어 있습니다.
대신 충동의 방향성을 바꾸고 활동을 하려고 할 때 내가 그 충동을 인지하는 것은 가능하지요.

막연하게만 느껴졌던 '충동의 실체를 바로 알기' 지금부터 시작해볼까요?

형과 상이라는 마법

충동, 불안, 공포, 기쁨, 설렘, 행복 모두 형태가 없는 느낌이라고 했습니다.

형이라는 것은 형태이고 상이라는 것은 기능입니다.

내가 알고 있는 언어가 전혀 통하지 않는 외국에 나가 있다고 해 보지요. 말이 안 통할 때는 어떤 방법이 가장 좋을까요? 손짓, 발짓으로 무언가에 대한 제스처를 취할 수도 있지만 가장 빠른 것은 그림일 것입니다.

자동차를 예로 들면, 자동차라는 기본적인 형태가 있고 어딘가로 편히 데려다주는 기능성이 있습니다.

이와 같이 우리는 모든 것에 형태와 상을 붙이며 살아갑니다. 공통된 언어라는 자체에 이미 형태와 기능성이 있는 것이지만 너무나 당연해서 인식조차 안 하고 살았던 것이지요.

충동이라는 몬스터를 잠재울 수 있는 첫 번째 방법은 바로 형상을 부여하는 것입니다.

1단계: 알 수 없는 감정이나 불편함을 떠올리고 그것을 그냥 느껴봅니다.

2단계: 느껴지는 감정이나 불편한 생각에 형상을 부여해 봅니다. 만약 그것을 그림으로 표현한다면 나는 무엇으로 표현할까요? 악마? 귀신? 괴물? 동물? 그냥 떠오르는 대로 편히 놔두세요.

3단계: 떠오른 형상에 일부를 바꿔보도록 합니다. 불편한 그 느낌이 드는 형상에서 좋은 느낌이 드는 형상으로, 공포감이 감도는 그 형상의 일부를 다소 우스꽝스럽게 바꿔보는 것도 좋습니다.

4단계: 형상의 전체를 바꿉니다.

공주님의 우아한 기 살리기

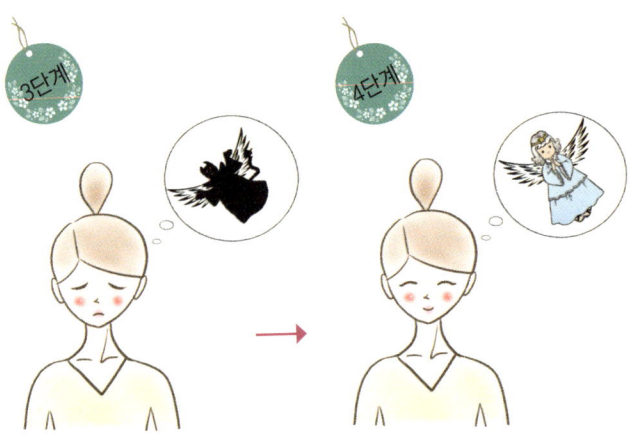

[제2장] 우아한 기 살리기의 준비

어떠셨나요? 잘 되셨나요?

처음에는 어색하고 막연한 것이 당연하니 너무 걱정하지는 마세요.

중요한 것은 이렇게 보이지 않는 충동과 느낌에 형과 상을 부여해서 그것을 우리가 아는 무엇으로 인지를 하는 것이랍니다. 이렇게 인지를 하고 무엇인지 이해를 하고 나면 충동이라는 몬스터도 점점 쉽게 잠재울 수 있게 됩니다.

이와 같이 우리는 모든 것에 형태와 상을 붙이며 살아갑니다.

제 3 장

우아한 기 살리기의 시작

1. 마음 진정시키기

일본 신도의 일령사혼설

신도란 글자 그대로 '신의 길'이라는 뜻입니다. 일령사혼이란 인간도 신도 가지고 있는 다섯 가지 혼을 말합니다.

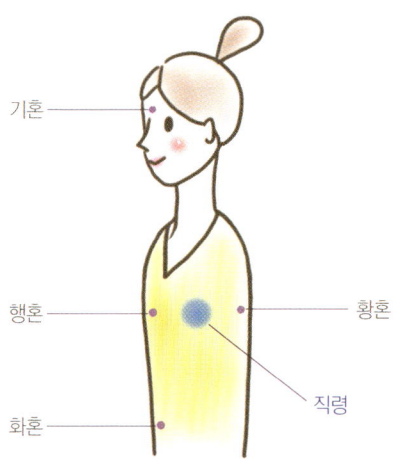

일령사혼이 머무르는 장소는 위의 그림과 같으며 다음과 같이 설명할 수 있습니다.

- 일령 - 직령
- 몸의 내부에 있는 것으로 손이 닿지 못합니다.
- 다섯 가지 혼 중 색이 있는 것은 직령뿐이며 색은 블루계열입니다.
- 각 혼의 행동에 관한 지시를 내리는 관제탑과 같은 역할을 합니다.
- 어떤 사람이 자기 자신이기 위한 본질을 나타내며 천명이 쓰여 있는 장소이기도 합니다.
- 자신의 진정한 소원과 소명이 담겨 있는 곳으로 한 사람의 개성을 나타내는 혼입니다.

- 사혼 - 직령으로부터 지시를 받으면 외부로부터의 정보를 받아들이는 혼들입니다. 몸의 표면상에 있으므로 손으로 닿는 것이 가능합니다.

사혼의 종류	혼의 위치	혼의 작용력
기혼	이마의 중심	자신에게 필요한 정보나 찬스를 끌어당기며 판단력이나 직감적으로 선명해집니다.
행혼	가슴의 중앙	행복감을 느끼고 대인관계와 커뮤니케이션 능력이 좋아집니다.
황혼	견갑골 사이	소망을 실현시킬 수 있는 힘을 주는 곳으로 실현을 위한 행동력이 좋아져 활력과 생기를 흘러넘치게 합니다.

[제3장] 우아한 기 살리기의 시작

| 화혼 | 배꼽에 손의 엄지손가락을 댔을 때 손바닥으로 덮이는 범위 | 음과 양의 밸런스를 조절하는 곳으로 밸런스를 잘 맞추면 운의 흐름에 올라타기가 쉬워집니다. |

영혼을 진정시키는 진혼법

생명력이 원활하게 흘러서 평화로운 마음 상태가 되는 것을 진혼이라고 합니다.

감정에서부터 욕망, 번뇌, 생각과 망상, 사유작용 등이 마구잡이로 일어나 열이 오르며 뜨거워지게 되면 사람들은 혼란스러움을 느끼고 섣부른 결정을 쉽게 내리는 상태가 됩니다.

진혼이라는 것의 핵심은 혼란스럽게 작용한 열을 '식힌다'라는 의미로 이것은 청량한 봄이나 가을날, 숲속에서 상쾌하고 시원한 바람이 불어올 때 느낀 느낌을 떠올려보면 쉽습니다.

즉, 진혼이란 청청하고 시원하며 청량한 상태가 되는 것을 말합니다.

지금부터는 일령사혼과 관계하여 혼을 진정시키는 진혼법과 힐링법에 대해 알아보겠습니다.

5가지의 혼은 평상시에 전구와 같이 빛나는 상태로, 사람에 따라 양의 차이는 있으나 전력과 같이 몸속에 흐르게 됩니다. 몸이 피곤하고 무기력해진다면 전력의 흐름이 좋지 않은 것으로 본래 100W로 빛나야 할 전구가 50W로 희미하게 빛나고 있음을 의미합니다.

이때는 일상적으로 가능한 방식들로 진혼을 시킬 수 있습니다.

① 잠시 하던 일을 멈추고 몸이나 머리를 쉬게 하며 스트레칭을 합니다.
② 자신이 머물던 공간에서 벗어나 상쾌함이 느껴지는 다른 공간으로 이동을 합니다.
③ 당과 탄수화물의 섭취를 줄이고 양질의 단백질과 채소 위주의 식단으로 변경합니다.
④ 5분~ 10분 정도 시간을 내어 일령사혼 힐링법을 간단히 행하도록 합니다.

[제3장] 우아한 기 살리기의 시작

일령사혼의 활용

일령사혼이 활동을 하는 장소는 자신이 소속된 사회(직장, 동호회, 가족, 친구, 지역 등)입니다. 소속된 사회 안에서 자신을 기쁘게 하고 소중히 여기는 활동을 하는 것입니다. 예를 들면, 같은 직장 내 탁구 동호회 또는 가족과 함께 하는 캠핑, 남는 시간에 도서관에서 좋아하는 책 실컷 보기 등입니다. 이것은 남에게 강요하지 않고 스스로 좋아하는 것만을 골라 그에 어울리는 사람들과 함께 나누는 것이 중요합니다. 보통의 사람들은 사회생활 속에서 사람과의 관계에 많이 치이고 여러 가치관이 부딪치기 때문에 육체나 마음이 서서히 지쳐가게 됩니다.

이렇게 스트레스가 쌓이면 마치 책상 위에 먼지가 쌓이듯 영혼에게도 먼지가 붙어 쌓이게 됩니다. 이때 사람은 사람을 신용하지 않게 되고 모든 일에 의심투성이가 됩니다.

먼지를 털어내는 법은 종교가 있을 경우 기도문이나 진언 등을 외움으로써 가능하지만 자연 속에서 규칙적인 산책을 즐기거나 운동을 하는 것도 도움이 됩니다.

공주님의 우아한 기 살리기

일령사혼 힐링법

일령사혼 힐링법은 장소의 관계없이 앉거나 서거나 누워서 해도 되며, 자기 전에 간단히 행할수록 아침의 컨디션이 좋아지게 됩니다.

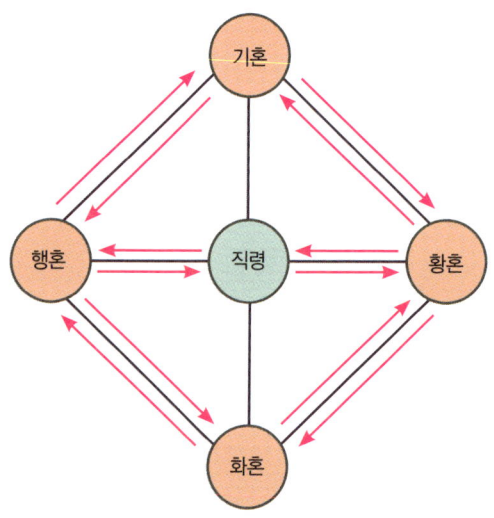

① 한가운데의 직령에서 시작하여 직령에서 마무리를 합니다.
② 눈을 감고 심호흡을 합니다.
③ 가운데의 직령에 양초의 이미지를 상상하고 양초의 불이 밝혀지도록 합니다.

④ 양초의 불을 둥근 불구슬로 바꿔 나머지의 사혼을 돌아다니며 회전하도록 합니다(돌아다니는 패턴과 순서는 정해져 있지 않습니다. 스스로가 이끄는 대로 놓아둡니다.)
⑤ 이때 직령과 사혼의 역할을 의식하며 행하면 더 좋습니다.
⑥ 신경 쓰이는 혼이 있다면 그 혼만 더 밝게 빛나도록 상상해도 됩니다.
⑦ 마지막 불구슬을 직령으로 돌아오게 한 뒤, 양초로 바꿔 후~ 하고 끕니다.

2. 약손으로 치유하기

아픈 사람 쓰담쓰담

"아프지 마."
"아프면 내가 더 속상해."

우리는 타인을 보며 아프지 말라는 얘기를 자주 합니다.

공주님의 우아한 기 살리기

아픈 사람을 챙겨주고 싶고 도와주고 싶은 마음에서 우러나온 말인 것을 이해합니다.

하지만 이제 이런 말로 바꿔 보는 것은 어떨까요?

"충분히 아파도 괜찮아."

"충분히 아파해도 넌 참 예쁘고 멋져."

"나는 언제나 널 사랑해."라고 쓰담쓰담 해 주는 것이지요.

아픈 사람을 꼭 껴안아 주고 토닥여도 좋고, 마음속으로만 쓰담쓰담 해주어도 괜찮답니다.

실제 타인과 내가 분리되어 있기에 좋은 것이 있습니다. 그 사람의 아픔을 전부 느끼지 못한다는 것은 축복이지요.

"아니, 그래서 좋다니요, 축복이라고 얘기하는 것까진 이해가 안 되는데요?"

"나와 가까운 사람이 아프면 나도 아프고 속상한 걸요. 그걸 모른 척할 수 있다니요..?"

그 마음 충분히 이해합니다.

하지만 이 얘기의 핵심은 아픈 사람을 모른 척 하라는 것이 아닙니다. 타인의 아픔만큼 내가 같은 경험을 하지 않기에 반대로 우리는 타인을 도울 수 있습니다.

길을 가다가 교통사고가 난 사람을 목격합니다. 그럴 때 나는 아프지 않기 때문에 차분히 119에 전화를 할 수 있고 그 사람을 안전한 곳으로 대피시킬 수 있는 힘이 있습니다.

등산을 하다가 우연히 넘어진 누군가를 목격합니다. 아, 이런! 다리를 다쳐 혼자 걷기가 힘든 것 같네요. 어깨동무하여 부축을 하고 함께 차로 이동할 수 있는 곳까지 데려다주고 그 사람의 안전을 확인한 후에야 마음이 놓입니다.

이것은 타인과 내가 분리되어 있기에 가능한 것입니다. 분리되어 같은 아픔을 경험하지 않기에 더 나은 선택을 할 수 있는 건 우리에게는 축복입니다.

가까운 사람에게 적용을 해 보죠. 특히 여성분들은 자신이 키우는 동물이 아프면 그것을 더 못 견디어 하

공주님의 우아한 기 살리기

는 경우를 많이 봅니다.

"오, 제발 이 아픔을 빨리 없애주세요. 제가 아무것도 해줄 수 없는데 어쩌지요?"

동물은 말을 하지 못하기 때문에 더 큰 아픔을 느낄 것이라 생각하는 것이죠.

일단 첫 번째로 아픔은 내가 아닌 누구라도 없애 줄 수가 없습니다. 아픔이란 것도 자연적으로 발생하는 한 가지 현상이기에 없애버리고 싶다라고 해서 물러나는 것이 아니랍니다. 기쁨처럼 왔다가 흘러가고 또 지나가는 것이지요.

아픔이 오는 순간 영원할 것이라고 겁을 먹는데 그렇지 않습니다. 기쁨처럼 아픔도 왔다가 지나가지만 아픔에는 더 과도한 의미부여를 하는 것이지요.

그럼 어떻게 해야 하죠?

우리의 마음은 크고 작은 사건에 늘 아파합니다.

지나가다 우연히 보게 된 어떤 장면에서, 우연히 듣게 된 말에서 나와는 상관없는데 계속 아파오는 것 같습

[제3장] 우아한 기 살리기의 시작

니다.

첫 번째로 할 수 있는 것은 잠시 조용히 호흡을 가다듬고 아파하는 대상을 떠올리는 것입니다. 있는 그대로 떠올리세요. 일그러지고 못나고 험상궂은 모습에 혐오스럽더라도 괜찮습니다.

그다음 "충분히 아파해도 괜찮아. 그렇게 아픈 마음을 내가 몰라주었구나. 나는 괜찮으니 나에게 기대 잠시 쉬렴." 쓰담쓰담.. 하면서 사랑한다고 말해주는 것입니다.

"너의 아픈 모습을 충분히 이해해. 그리고 그것이 지나갈 때까지 나는 기다릴게."

두 번째로는 자신의 마음으로 향합니다.

자신의 마음에도 손을 대고 "너의 마음을 몰라준 나를 용서해주렴." 하고 똑같이 쓰담쓰담 해주는 것입니다.

"괜찮아. 괜찮아. 너의 놀라고 아픈 마음을 나도 잘 알고 있단다. 미안해."라고 아이처럼 다뤄주는 것입니다.

사람을 대상으로 하기 힘드신 분들은 자신이 너무나 사랑하는 강아지나 고양이의 큰 눈망울이 자신을 향해

있다고 생각해보세요. 포근히 꼭 껴안고 "사랑해"라고 말해주는 것이지요.

이렇게 타인과 자신의 아픈 마음을 대상으로 쓰담 쓰담 해주면 마음이 진정되고 평화로워지는 것을 느낄 수 있을 것입니다. 그리고 다시 주위 환경을 둘러보세요. 좀 더 너그럽고 진정된 마음이 곧 새로운 것들을 보여줄 것이랍니다.

누군가 아파서 또는 속상하고 화가 난 마음에 우왕좌왕하던 마음이 차분해지면서 그 순간에 내가 아파하던 대상을 위해 혹은 나를 위해 지금 할 수 있는 것이 무엇인지가 눈에 보일 것입니다. 그렇다면 그것을 생각하지 말고 그냥 하면 되는 것이지요.

"충분히 아파해도 괜찮아."
"아픈 네 모습도 참 예쁘단다."
"나는 이 자리에 있을 테니 내게 기대 푹 쉬렴."

자, 이렇게 3마디를 꼭 기억하세요.

[제3장] 우아한 기 살리기의 시작

멀리서도 토닥토닥

전철을 타고 오며 가며 유난히 나와 눈이 마주치는 사람들이 있습니다. 때로는 어떤 사람의 차림과 행동이 특이해서 이끌리는 경우도 있지만 그런 경우보다 그냥 눈길이 가는 사람이 더 많습니다.

가끔은 힘들어하는 친구의 연락에 잊혀졌던 사람이 문득 떠올라서 마음이 아파오기도 합니다. 슈퍼우먼처럼 초능력이 있거나 힘들어하는 친구들을 척척 도울만한 슈퍼 능력자라면 좋겠지만 힘내라는 위로 외엔 내가 아무것도 할 수 없을 때도 있기 마련입니다.

위로 외엔.. 이라고 했지만 이렇게 멀리서 토닥토닥 하는 것도 모두 내 에너지를 듬뿍 주는 사랑스러운 작업이랍니다.

어떤 사람을 빤히 쳐다보면 그 사람이 곧 나를 의식해서 쳐다보게 됩니다.
이것은 지금이라도 쉽게 실험해 볼 수 있습니다. 사

람이 주는 관심의 에너지를 우리는 무의식 중에 느끼고 있는 것이지요.

꽃을 가꾸고 내가 사랑하는 강아지나 고양이를 정성스럽게 돌보는 것처럼..

언어가 통하지 않아도 우리는 서로에게 보이지 않는 에너지를 주고받으며 살아갑니다.

유난히 관심이 가고..
유난히 신경이 쓰이고..

이러한 것들에 귀를 기울이고 가만히 들여다보세요.
나와는 전혀 상관이 없는 일이라 생각했지만 사실은 나는 그것에 관심을 기울이며 신경을 쓰고 있었다는 사실을 알게 되실겁니다.

가만히 그 사람을..
가만히 그 무엇인가를 떠올려보고..
그냥 그렇게 안아주고 토닥여주는 것입니다.

[제3장] 우아한 기 살리기의 시작

"괜찮아, 예쁘다, 사랑한다."고 말이지요.
"괜찮아, 힘내, 널 응원하고 또 사랑해."라고 말이지요.

 정성을 담은 진심의 말이 아니어도 좋습니다. 관심을 보이고 토닥토닥 해주다 보면 어느 순간 나를 신경 쓰이게 한 그 무엇에 진심의 한 마디가 전해지는 날이 오게 되기 때문이지요.
 사람의 마음은 기본적으로 선하고 아름답기 때문에 진심의 한마디는 꼭 사랑의 언어로 담기게 된답니다.

 이렇게 멀리서도 토닥토닥 해줄 수 있는 힘은 우리가 지닌 특별한 능력입니다.
 가장 좋은 것은 자신의 치유와 타인의 치유가 동시에 일어난다는 것입니다. 어떤 결과인지는 예측할 수 없지만 항상 선하고 좋은 결과들이 가득했다는 것만 알 뿐입니다.

 오늘 한 번 나를 힘들게 했던..
 반대로 나에게 힘이 되었던..
 나를 신경 쓰이게 하고 귀찮게 했던..

나에게 용기를 주었던..

지나가다 무심히 봤던 누군가를..

토닥토닥.. 하고 마음속으로 안아줘 보세요.

그리고 더 맑고 빛나는 내일을 기대해보시기를 바랍니다.

3. 영혼의 빈 곳 빛으로 채우기

먹어도 먹어도 채워지지 않는 허기

"내일부턴 다이어트를 할 거야!"

오늘도 쌉싸름한 커피와 함께 달콤한 케이크 한 조각을 입에 넣으며 다짐을 해 봅니다.

저칼로리, 저지방 다이어트를 아무리 외쳐봐도 단 한 순간 풍겨오는 향긋한 빵의 냄새와 길거리에 진열되어 한껏 뽐을 내고 있는 도넛의 유혹은 물리칠 수가 없습니다.

[제3장] 우아한 기 살리기의 시작

열심히 운동을 다니고 식단을 짜보며 다짐을 또 하고 또 해봐도 직장 상사의 피곤한 잔소리와 과도한 프로젝트에 시달릴 때면 이미 손이 먼저 반응해서 달콤한 초콜릿을 입에 가져오게 되지요.

칼로리를 계산해서 음식을 조절하고 규칙적인 운동을 하며 몸을 관리하는 것은 좋습니다.

이것은 눈으로 보여지는 꽤 큰 효과가 있고 만족을 주지만 제한된 영역에서 벗어나 자유의 영역에 들어서는 순간이면 고삐 풀린 망아지처럼 날뛰는 것인지 도무지 알 수가 없습니다.

진짜 다이어트는 외형적인 부분만으로 해결될 것이 아니기 때문입니다.

사람들에겐 기본적으로 먹어도 먹어도 채워지지 않는 허기가 있습니다. 실제적으로 배가 고픈 게 아니라 마음이 공허해서 나타나는 실존적 공허라는 것이 있습니다.

자신의 존재론적인 질문에 대한 답을 찾아 헤매는 것에서부터 시작이 됩니다. 어딘가에 참된 자신이 있을 것

같고 진실된 내가 존재할 것이라는 아련한 느낌을 찾는데 실제로는 없는 공허감인 것입니다.

사실 이것은 배가 고프고 몸이 힘들어서 나타나는 것이 아니라 반대로 넉넉한 안정감의 상태에서 나오는 것들이랍니다.

실제의 식욕보다는 감정적인 허기를 달래기 위해 습관적으로 케이크나 초콜릿의 당류나 맵고 짜고 자극적인 음식을 선호하게 되는 것입니다.

만약, 지금 무언가를 간절하게 찾고 알 수 없는 허무감과 스트레스에 습관적으로 간식을 먹고 있다면 외형적인 태도의 변화보다는 공허한 자신의 마음을 인정하고 순간순간 세상과 함께 교류를 하면서 외부 상황과 소통을 하시기 바랍니다.

접촉과 소통

실존적인 공허는 실제 접촉해야 할 대상과 접촉을 하지 못하기에 발생을 합니다. 여기에서 접촉이란 지금 현

[제3장] 우아한 기 살리기의 시작

재에 자신이 경험하는 것에 접촉하는 능력을 잃어버렸다는 것을 말합니다.

사람들은 대부분 과거를 바탕으로 미래를 예측하고 그 예측을 바탕으로 다시 미래를 계획하고 걱정하며 대비하는데 모든 에너지를 다 써버리기 때문입니다.

실제 접촉을 하기 위해서는 자신이 좋아하는 것을 먼저 해야 합니다.

'~ 해야만 좋아진다. ~ 하면 좋아 보일 것이다. ~하면 나아질 것이다.'라는 의무감 없이 그냥 너무 좋기에 하는 것을 말합니다.

지금 저는 글을 쓰는 것이 너무 좋기에 글을 쓰고 있습니다.

좋은 글을 써야만 한다. 더 나은 책을 만들어서 잘 팔려야만 한다라는 미래의 계획 없이 제가 경험하고 좋아서 해왔던 것들을 조사하고 연구해서 글로 표현하는 것이 즐거울 뿐입니다.

작가들도 글을 제때 마감해야 하는 마감의 압박이 있

습니다.

마치 직장을 다닐 때 퇴근 시간을 넘겨 가며 해야 할 일을 마무리해야 하는 그것과 스트레스의 강도는 같습니다. 하지만 이때 마감을 빨리해 놓고 남은 시간 영화를 보고 쉬겠다는 미래의 상상에 붙잡혀 있으면 그것은 접촉을 하지 못하는 것입니다.

늘 접촉은 이 순간에 일어나기 때문에 글을 쓰는 순간에는 글을 쓰는 것에 접촉을 해서 그 속으로 들어가는 것입니다. 접촉은 한 번에 일어나는 것은 아니지만 일단 접촉이 일어나면 그 이후부터는 시간과 강요된 압박으로부터 자유로울 수 있습니다.

이렇게 접촉을 하면서 실시간으로 외부 상황과 교류를 하며 정보를 업데이트하게 되면 세상의 모든 일이 생생하게 인지가 되면서 실존적인 공허감으로부터 해방이 될 수 있습니다.

하와이의 샤먼들에게 전해지는 비밀스런 훈련

접촉과 소통을 하며 세상을 생생하게 인지하는 방법

[제3장] 우아한 기 살리기의 시작

중 하와이의 샤먼인 카후나들에게 전해지는 훈련법의 한 방법을 소개합니다. 이 훈련법은 매우 간단하면서도 언제 어디서나 즉각적으로 행할 수 있습니다.

이 훈련을 하면 자신의 관점을 좀 더 명확하게 보고, 과거와 미래에 사로잡히지 않으며, 다른 사람들의 필요하지 않은 강요로부터 자신을 보호하는 힘을 기를 수 있게 됩니다.

☆ 하칼라우 명상

하칼라우 명상의 의미는 명상 상태에서 한 점을 응시하는 동시에 시야 확장을 허용하는 액티브한 명상법입니다.

이것은 우리가 이동을 할 때나 일을 할 때, 요리를 할 때, 자동차로 이동을 할 때 등의 일상적인 활동에서 자동적이고 패턴적인 반응으로 부정적인 생각을 하고 있지 않도록 주변의 상황을 인지하는 데 도움을 줍니다.

❶ 호오하카

눈높이에서 벽에 있는 한 점을 선택해서 바라봅니다.

눈에 힘을 반쯤 풀되 시야가 완전히 가려지지 않도록 약간의 졸린 눈 상태를 유지합니다.

 쿠우

과거로부터 비롯된 생각과 미래의 계획을 놓아두고 한 점을 응시하면서 모든 주의력을 그 한 점에 집중시킵니다.

 라우

시야의 중심 부분은 한 점을 응시하면 몇 분 내로 시야가 확장되기 시작하면서 주변부를 인식하고 볼 수 있다는 것을 느낍니다.

이때 인위적으로 검지 손가락을 이용해 시선을 이동하지 않고 시선의 중심부에서 양옆으로 확장되도록 이동해보는 것도 좋습니다.

 하칼라우

이제부터는 주변 부분에 의식을 더 집중합니다.

시야에 중심보다는 주변 부분에 더 의식을 집중합니다.

[제3장] 우아한 기 살리기의 시작

 호오코히

이 상태를 가능한 오래 유지하되 눈이 아프거나 목이 뻐근해지거나 몸의 긴장과 통증이 느껴진다면 눈을 감고 숨을 내쉬면서 멈추도록 합니다.

4. 축복하고 축성하기

딱딱하지도 않고 물렁하지도 않은 어떤 한 물체가 있습니다. 그 물체는 크리스탈처럼 반짝거리며 물처럼 유연하게 모습을 바꿉니다.

어느 날 이 물체는 무언가의 진동에 의해 쾅! 하고 폭발을 하며 퍼져 나가게 됩니다. 그것은 먼지처럼 작게 흩어졌지만 서로가 서로를 되비추며 반짝이고 있고 결국은 하나의 모습이었다는 걸 알게 됩니다.

제가 생각하는 신의 본래의 모습이자 사랑의 본질이 아닐까 하는 것을 표현해 봤습니다.

생명은 참 아름답습니다.

신의 섭리대로 생명이 탄생하고 소멸하는 것을 보면 경이롭다는 생각도 듭니다.

이렇게 숨을 쉬고..
밥을 먹고..
이야기를 나누고..
배우고..
걷고 뛰며 활동을 할 수 있다는 것은 그 자체로 큰 축복입니다.

생명의 탄생을 기뻐하며 저절로 축하하듯 우리의 본성은 축복하는 것을 좋아합니다.

살아 숨 쉬는 생물에게 사랑이 있다는 것은 알고 있습니다. 사랑의 본질이 어떠한 형태이든 우리는 "사랑해"라는 말을 듣고 관심을 보여주는 것을 좋아합니다.

생물뿐만 아니라 무생물에게도 사랑이라는 본질이 있습니다.

[제3장] 우아한 기 살리기의 시작

지금 내가 하는 일
지금 나와 접촉하는 물건
지금 나와 관계하고 숨 쉬는 공간

애정을 주면 애정을 주는 만큼 내가 하는 일이 잘되고, 나와 접촉하는 물건이 빛이 나고, 나와 관계하는 공간들이 정리가 된다는 것을 잘 아실 겁니다.

맨 처음 하나의 물체에서 퍼져나가 서로를 되비추고 있는 크리스탈들처럼 우리는 늘 관계 맺는 모든 것들을 거울처럼 되비추고 있는지도 모릅니다.

다른 생명을 축복하고 물건을 축성하는 것은 바로 자신을 축복하는 것과 같습니다.
또한 스스로에게 행하는 것보다 몇 배의 축복을 자신에게 가져다주기도 합니다.

생명을 축복하기

① 먼저 변화하고 싶은 자신의 모습을 상상하며 그 모

습으로 변화했을 때의 자신의 일상에서의 모습도 함께 상상합니다.

② 자신에게 주어진 상황이나 특성, 재능, 또는 장애를 초월하여 소망하는 것을 이루기 위한 상징을 자유롭게 머릿속에 하나 그리도록 합니다.

③ 축복의 상황이나 긍정적인 상황에서 부정적인 생각이 들거나 할 수 없다는 느낌이 들 때는 이렇게 얘기하도록 합니다.

"내 주위는 지금 평화로 가득하기에 평화로울 수 있습니다."
"나는 어떤 불행이 존재하든 간에 용서할 수 있음을 알고 더 이상 신경 쓰지 않습니다."

④ 자신의 주변에 있는 사람에게 마음속으로 이 말을 반복해서 축복해줍니다(그 사람의 영혼에게 해주는 말이므로 이해를 시키거나 설득을 시킬 필요가 없습니다.)

[제3장] 우아한 기 살리기의 시작

"(그, 그녀, 키우는 애완동물의 이름, 식물이나 꽃, 생명을 가진 모든 것의 이름 중 하나)는 행복을 가질 권리가 있습니다."

"(그, 그녀, 키우는 애완동물의 이름, 식물이나 꽃, 생명을 가진 모든 것의 이름 중 하나)는 사랑을 받을 자격이 있습니다."

"(그, 그녀, 키우는 애완동물의 이름, 식물이나 꽃, 생명을 가진 모든 것의 이름 중 하나)는 축복을 받고 풍요로워질 것입니다."

⑤ 머릿속에 그렸던 자신의 상징이 풍선처럼 하늘의 공간으로 올라가 씨앗처럼 땅에 내려지는 것을 상상합니다.

⑥ 상상한 자신의 변화된 모습을 상상한 것 중 하나를 그 날 하루 동안 꼭 행하도록 합니다.

물건을 축성하기

레이키라는 것은 세계적으로 널리 이용되는 선한 에

너지 힐링 요법입니다.

여기에서 레이키는 소개하지 않으나 레이키에서 말하는 5계는 레이키를 모르시는 분들도 많은 도움이 되기에 소개를 하고자 합니다.

다음은 레이키에서 말하는 5계입니다.

> ① 단지 오늘 하루만이라도 화내지 않겠습니다.
> ② 단지 오늘 하루만이라도 염려하지 않겠습니다.
> ③ 단지 오늘 하루만이라도 감사하겠습니다.
> ④ 단지 오늘 하루만이라도 성실하겠습니다.
> ⑤ 단지 오늘 하루만이라도 모든 존재들에게 자상하고 친절하겠습니다.

이러한 5계들 중 어떠한 한 가지가 자신의 마음에 들어오면 자신의 삶 자체를 바꾸는 힘이 될 수 있습니다. 가장 좋은 것은 자신이 5계 중 하나를 실천하는 것이나 마음이 급하고 허락되지 않을 때는 스스로 5계를 실천하기 어렵습니다.

그럴 때는 뒤집어서 물건에 축성을 하는 것입니다.

[제3장] 우아한 기 살리기의 시작

　예를 들면, 커피숍에 앉아서 사용한 머그컵을 사용하는 이들이 축복을 받도록 커피잔을 축성해주는 것이지요.

① 오늘 하루 이 커피잔을 사용하는 사람들이 화를 내지 않기를 바랍니다.
② 오늘 하루 이 커피잔을 사용하는 사람들이 염려하지 않기를 바랍니다.
③ 오늘 하루 이 커피잔을 사용하는 사람들이 감사한 하루를 보내기를 바랍니다.
④ 오늘 하루 이 커피잔을 사용하는 사람들이 성실한 하루에 만족을 느끼기를 바랍니다.
⑤ 오늘 하루 이 커피잔을 사용하는 사람들이 자상하고 친절해지기를 바랍니다.

　5계 중 마음에 닿는 한 구절만을 담아 잠깐씩 축성을 해 줘도 괜찮습니다.

　이렇게 생명과 사랑을 줄 때 그 모든 보답은 자신에게 돌아오게 됩니다.

어느 때 뜻하지 않은 순간 누군가가 나를 축복하고 축성해주고 있다면 저절로 기분이 좋아지지요? 서로 축복하고 축성을 하는 여유로운 공주님들이 많아지기를 기원합니다.

향기를 즐기며 소원 달성하기

우리는 음식을 즐길 때 단순하게 혀의 감각으로만 평가하는 것이 아닙니다.

낯선 음식을 먹어야 할 때 가장 먼저 하는 일은 눈으로 그것을 보고, 두 번째는 냄새를 맡아보고 마지막으로 혀를 살짝 가져가서 이 음식이 나에게 안전한지를 본능적으로 가늠한 후 그때서야 먹어보게 됩니다. 향기는 생존과 본능에 밀접한 가장 원초적인 감각 시스템입니다.

향기는 이성을 유혹하는 강렬한 힘이며 시대를 떠나 남성들이 가장 좋아하는 여성의 향기 1순위는 자연스러운 비누 향기입니다.

인공적으로 합성된 진한 향수보다 아로마테라피에 사

[제3장] 우아한 기 살리기의 시작

용되는 에센셜 오일의 향을 사람들은 자연스럽게 선호하게 됩니다. 향기에 어떤 진실이 있는지는 모르지만 어머니의 품처럼 따뜻하고 포근한 자연의 향에 사람들은 이완이 되면서 여유로워지는 것 같습니다.

이렇게 이완이 되면서 몸과 마음이 편안해지면 본능적인 감각에 의해 자신이 목적하고자 하는 바를 달성하려는 힘이 강해지게 됩니다. 아이디어와 창의성은 휴식을 취하며 몸과 마음이 이완될 때 가장 돋보이게 나타난다는 연구결과들이 많이 나오고 있으며, 기업의 경영에서는 이것을 적극 활용하기도 합니다.

아로마테라피에 사용하는 에센셜 오일을 활용하는 범위는 점점 많아지고 있습니다.

목욕을 하거나..
휴식을 취하거나..
연인과의 로맨스를 꿈꿀 때..

이제는 한 단계 더 나아가 아로마테라피를 자신의 소

원을 이루는 마법적인 용도로도 사용할 수 있답니다.

　마법 오일은 여러 에센셜 오일을 섞어서 복합적 용도로 사용하기를 권하며 향기를 즐기면서 즐겁게 행하면 마법의 효과 또한 빠르게 나타날 수 있습니다.

　☆ 마법 오일 제작

① 목적 설정
② 오일 선정
③ 오일 혼합
④ 오일 정화 및 충전

　☆ 마법 오일의 혼합법

용도	혼합법
마사지	캐리어오일 25ml에 에센셜 오일 7~10방울 섞음
연고 및 크림	50g의 크림베이스에 매직 에센셜 오일 5~20방울 섞음
습식 흡입	6리터의 물에 매직 에센셜 오일 3~5방울
건식 흡입	손수건에 매직 에션셜 오일 1~2방울
목욕법	성인 기준으로 4~6방울
발향법	버너 기준 5~10방울
디퓨저	디퓨저베이스 7에 매직 에센셜 오일 3

[제3장] 우아한 기 살리기의 시작

☆ 마법 오일의 조합법

오일의 노트를 중심으로 발생하는 순서를 자유롭게 조절합니다.

- 탑 노트 : 가장 먼저 발생 / 보통은 정화나 의식을 마무리할 때 사용
- 미들 노트 : 탑 노트 다음으로 발생 / 주된 목적을 보조하거나 보호하는 목적으로 사용
- 베이스 노트 : 가장 마지막에 발생 / 주된 목적으로 사용

☆ 오일의 목적 및 노트 정리

목적	탑노트	미들 노트	베이스 노트
남성 유혹	엠버그리스	가드니아 라벤더 네놀리	진저 자스민 머스크 통카
여성 유혹		베이 스테파노티스 바이올렛	머스크 파출리 베티버

용기		로즈 제라늄 블랙 페퍼	시더우드 머스크 프랑킨센스
풍요	버베인		머스크
우정	스윗 피	스테파노티스	
조화	애플 블라썸 스윗 피 튜베로즈		
치유	카네이션 유칼립투스 로터스 나르키서스 라임 페퍼민트 스피어민트	가드니아 로즈마리 바이올렛 베이 시나몬 코리앤더 주니퍼 레몬밤 팔마로사 파인 로즈	미르 샌달우드 시더우드
주술 깨기	베르가못 로즈 제라늄 루	로즈마리	미르 베티버

사랑	스윗 피 아프리콧 바질 로즈 제라늄 레몬 오렌지 페퍼민트	클로브 가드니아 오리스 루트 로즈 카모마일 시나몬 코리앤더 라벤더 레몬밤 네놀리 팔마로사 로즈마리 야로우 일랑일랑	자스민 진저 베티버 일랑일랑
행운	로터스 오렌지	시나몬 사이프러스 넛멕 로즈	베티버
명상	히아신소	아카시아 매그놀리아 넛멕	자스민 미르
정신적 능력	허니서클	라일락 로즈마리	자스민

돈	아몬드 베이베리 베르가못 허니서클 민트 버베인 바질 오렌지 페퍼민트	파인 시나몬 카모마일 클로브 넛멕 파인	파출리 시더우드 진저 자스민 베티버
평화	히아신스 튜베로즈	큐민 가드니아 매그놀리아 로즈 라벤더	벤조인
힘&권력	카네이션	로즈마리	바닐라
보호	사이프러스 루 아니스 바질 유칼립투스 라임 페퍼민트 페티그레인	로즈 제라늄 바이올렛 베이 블랙 페퍼 시나몬 클로브 주니퍼 라벤더 니아울리 파인 로즈	미르 파출리 시더우드 프랑킨센스 샌달우드 베티버

[제3장] 우아한 기 살리기의 시작

영능력	아니스 레몬그라스 미모사 튜베로즈	아카시아 헬리오트로프 라일락 넛멕	카시아 샌달우드
정화	캄포 유칼립투스 레몬 라임 페퍼민트	아카시아 시나몬 클로브 라벤더 베이 카모마일 시나몬	프랑킨센스 자스민 미르 올리브 샌달우드 벤조인 시더우드
잠	나르키서스	라벤더	
영성	로터스	헬리오트로프 매그놀리아 시나몬 파인	샌달우드 카시아 프랑킨센스 자스민 미르
생명력	카네이션	올스파이스 로즈마리	바닐라
미모		로즈	
순결	캄포	라벤더	
안심		클래리 세이지	일랑일랑
영적 꿈	캄포	로즈	자스민

점술 능력	캄포 오렌지	클로브	
퇴거	바질 페퍼민트	클로브 주니퍼 파인 로즈마리 야로우	프랑킨센스 미르 샌달우드 베티버
마법적 능력	탠저린		
영적 인식력	캄포 레몬그라스 메이스 오렌지 페퍼민트	베이 클로브 넛멕 로즈 야로우	카시아

☆ 마법 오일의 정화 및 충전

혼합한 오일을 보름을 포함하여 달빛에 15일간 쐬도록 합니다.

5. 풍요를 만끽하기

돈의 이야기

이제 좀 재미있고도 불편한 이야기를 해 보겠습니다.

모두가 좋아하고 또 모두가 불편해하는 '돈'에 대한 이야기이지요.

미래를 위해 저축을 해야 하고 미래를 위해 지금 당장 무언가를 포기해야만 한다는 뻔한 이야기는 하지 않겠습니다. 당장 재정 컨설팅을 받고 수입과 지출의 항목을 정확히 적으라고 하면 왠지 한 걸음 물러나게 되지요. 불편한 진실 속에서 쓰윽.. 아니라고 거짓 컨설팅을 받기도 합니다. 대부분이 이 진실에 다가서지 않으려는 것을 저도 잘 압니다.

가계부를 쓰는 일은 어렵고 귀찮은 일이고 알면서도 내일을 위한 저축보다는 오늘을 위해 까짓것! 하고 무언가를 사는 것이 참 좋습니다.

네! 좋아요. 그 마음도 다 이해합니다.

여기에서는 자신의 불편한 진실에 억지로 다가서라는 그런 이야기는 하지 않으려고 합니다.

저도 그것이 잘 안 되었던 사람이었기 때문이지요. 복잡한 세무, 회계의 지식을 배우는 일보다 오늘의 충만한 삶이 더 행복했기 때문이지요.

돈이라는 것은 참 재미있습니다. 특히 돈이라는 것에 대한 자신의 이야기를 듣는 것이 가장 재미있습니다.

사람들은 보통 지금보다 더 많은 돈이 있으면 더 행복한 나날을 보낼 수 있을 것이라는 공식에 빠져 있습니다. 영원히 해결이 안 될 미지수 같은 것이지요.

돈과 행복이 관련이 없다는 이야기를 하려는 것이 아닙니다. 돈이라는 것의 정체를 한 번도 들여다볼 생각을 하지 않았다면 한 번쯤 들여다봐야 합니다.

자본주의라는 사회에서 돈은 사회적 지위를 말해주기도 하고 가치를 나타내기도 합니다. 그런데 대부분의 사람들이 돈보다 자신의 가치를 낮게 평가하는 데서 많은 고통이 시작됩니다.

돈을 벌기 위해 직업을 찾고..

[제3장] 우아한 기 살리기의 시작

돈을 벌기 위해 또 다른 일을 찾고..
돈을 벌기 위해 또다시 일을 벌리고..

그런데 돈이 벌리는 대신 시간이 부족하거나 자신의 삶의 여유를 내놓아야 하는 희생을 하고 있진 않은지요?

만약 그렇게 하고 있다면 지금부터 자신의 돈에 대한 이야기에 귀를 기울여야 합니다. 돈이라는 것의 정체가 무엇인지, 돈이 무엇을 대표하고 있는 것인지에 대해 관심을 보여야 합니다.

돈이 자신의 삶을 대표하고 있는 것인지..
삶이 나를 이끌고 돈이 따라오는 것인지..

네덜란드의 튤립 이야기가 있습니다.
네덜란드에서는 집안에서 정원을 꾸미는 일이 곧 삶의 여유와 부를 자랑하던 때가 있었습니다. 그중 황실문양과 닮은 것이 최고의 인기를 얻어 집 한 채의 값과 맞먹은 적이 있었습니다. 황제, 총독, 제독과 같이 이름이 붙여져 가며 튤립 시세가 붙여지기 시작했습니다.

공주님의 우아한 기 살리기

어느 날 네델란드의 실정을 잘 모르던 어떤 사람이 꽃이 피기 전의 튤립을 양파 뿌리로 착각하고 그만 먹어버렸습니다. 이 사건으로 소송까지 진행이 되었으나 법원에서는 튤립은 꽃 이상도 이하도 아니므로 배상을 할 이유가 없다고 판결을 내려 결국 튤립의 거품 잔치는 끝난다는 이야기입니다.

지금 세상에서의 '돈'이라는 정체도 이것과 비슷하다고 생각합니다.

어느 날 만약 돈이라는 것의 가치가 뚝뚝 떨어져서 별게 아닌 것이 된다면 어떻게 될까요?

자신의 삶을 좀 더 풍요롭게 만들기 위해 자신이 돈에게 부여한 이야기를 잘 귀 기울여보세요.

지금 어떤 이야기가 펼쳐지고 있나요?

To Do or To Be

그래도 여전히 돈에 대해서는 알쏭달쏭 신경이 쓰입니다.

[제3장] 우아한 기 살리기의 시작

"돈을 어떻게 벌어야 하지?"
"왜 돈을 벌어야 하지?"
"당장 먹고 살 일이 급한데 어떻게 이런 생각을 안 하나요?"라고 묻는 분들도 계십니다.

위의 3가지 질문에는 모두 답이 나오지 않습니다. 또한 해결책으로 제시되는 자신의 답변들에서도 이전과는 다른 특별함은 없을 것입니다.
이미 자기계발을 비롯하여 많은 것들을 해 보셨겠지만 번번이 실패로 돌아갔다는 것도 잘 알고 있습니다.

그렇다면 질문을 해보죠.
일단 책 제목을 한 번 떠올려보세요.

잠시 돈과 풍요의 이야기에 '공주님'이란 생각이 잊혀지셨죠? 그래도 나는 부자가 되고 싶은데.. 라는 마음에 조금 더 조급해지신 건 아니신지요?

여기에 진짜 핵심이 있습니다.

공주님의 우아한 기 살리기

　이미 공주님으로 태어난 여러분이 돈을 어떻게 더 벌까를 고민하고 있다는 것, 좀 이상하지 않으신가요? 앞에서는 돈에 대한 자신의 이야기를 들으라고 했는데 어떤 이야기를 하고 계셨죠?

　정말 쉬운 답이지만 공주님으로 살아가는 것이 풍요롭게 사는 것의 전부입니다.

　공주님은 태어나면서부터 부와 명예를 보장받은 사람입니다. 그렇다면 공주님은 어떻게 행동을 할까요?
　잠시 동안 돈이 없다고 해서 전전긍긍하며 고민만 할까요? 아니겠지요. 공주님에게 기회란 늘 열려있기에 특별한 걱정을 하지는 않을 것입니다.

　오늘을 넉넉하게 보내지 못했어도 내일이면 퍼스트 클래스에 앉아 여행을 즐길 수 있는 게 공주님입니다. 여전히 품위를 지키며 우아하게 커피를 마시며 세상을 지긋이 바라보는 여유를 지녔겠지요.
　공주님의 주변에는 부자이면서 교양까지 갖춘 많은 사람들이 있습니다. 공주님은 태어나면서 고귀한 신분

[제3장] 우아한 기 살리기의 시작

이었다는 것을 아는 사람입니다.

그렇다면 오늘 어떤 선택을 하고, 어떻게 행동을 하고, 무엇을 먹고, 누구를 만나야 할지 정확히 알고 행하겠지요. 당장 그 일을 해결하겠다고 목숨을 걸며 달려들 일도 없고, 또 그 까짓것! 하고 그냥 쉽게 넘기는 일도 있을 것입니다.

인생에서 한 두 번쯤은 큰 위기가 올 때도 있고 작은 일들이 끊임없이 나를 괴롭히기도 합니다. 사람들은 그 때 마다 무언가를 계속 해결하고 찾기 위한 전쟁을 벌입니다.

그러나 그럴 필요가 없습니다. 풍요는 이미 자신이 가지고 태어난 축복입니다. 이미 풍요를 가진 사람처럼 행동하려고 노력하지도 마세요.

그들과는 다릅니다. 나는 세상에서 이미 모든 것을 가지고 태어난 공주님이니까요.

축복은 매 순간을 즐기며 증폭이 된답니다.

제 4 장

우아한 기 살리기의 실천

[제4장] 우아한 기 살리기의 실천

1. 예쁘게 치장하고 관심과 사랑받기

적절한 시간에 적절한 장소에 있는 것은 매우 중요합니다. 행운이라는 것은 앉아서 행운을 부른다고 오는 것이 아니라 우연히 시간이 맞는 때 자신에게 어울리는 장소에 있는 것, 자신에게 맞는 인연을 만날 때 오게 되는 것이기 때문입니다.

인생에서의 성공이라는 것은 모습을 드러내고 표현을 할 때 절반 이상 이루어지게 됩니다. 그리고 이것은 사람에 대한 신뢰감에서 비롯되기도 합니다.

그렇다면 사람이 사람을 가장 신뢰하는 순간은 어느 순간일까요?

첫 번째는 바로 '인상'이라는 것일 겁니다.

인상을 좋게 만들기 위해 예쁜 옷을 입고 예쁘게 화장을 하는 것도 중요합니다. 하지만 이 이야기는 모두가 알고 있는 사실입니다. 여기에서 얘기하고 싶은 것은 단순히 예쁘게 꾸며서 보이기만 하자는 얘기가 아닙니다.

공주님의 우아한 기 살리기

자신의 건강을 위해 몸을 돌보고 체형을 보살피고, 자신에게 어울리는 옷을 입고, 자신에게 어울리는 화장을 하고, 자신에게 어울리는 헤어스타일을 꾸미는 것. 이렇게 자신을 꾸미는 일들에 대해 소홀히 하고 있지는 않은지요? 여성들에게는 이것이 꽤 신경 쓰이고 귀찮은 일이라는 것을 압니다. 그런데 만약 자신을 돌보고 자신을 꾸미는 일이 정말로 즐겁고 행복한 일이라면 어떻게 될까요? 시키지 않아도 저절로 그렇게 하고 있을 것입니다.

남에게 예쁘게 보이기 위한 의무감이 아니라, 정말로 자신이 무엇을 좋아하고 어떤 것을 필요로 하는지를 스스로 물어서 가꾸어 나가는 것만으로도 사람은 예뻐집니다. 단순하게 길에서 산책을 하고, 마사지를 예약하고, 백화점에 나가 화장품을 구경하고, 만족스러운 다이어트를 시도해보는 것만으로도 자신의 몸에 대한 태도가 달라지게 되는 것이지요.

이렇게 자신의 신체를 돌보는 것도 사랑입니다. 이것은 남의 관심을 받기 위해 억지로 치장하는 사람보다 알 수 없는 신비의 힘을 발현시킵니다. 행운이 미소 짓는 순간은 자기 자신이 준비가 되어 있을 때, 스스로가 신뢰를 하고 있을 때, 그때 비로서 남을 신뢰하게 되는 것이랍니다.

그렇다면 이제부터 신비한 마력의 힘을 발산시켜서 관심과 사랑을 받는 방법을 알아볼까요?

2. 내 남자의 사랑을 독차지하기

운명의 그이를 내게 오게 하는 방법

"남자 친구를 만들고 싶은데 어떻게 해야 하죠?"

젊은 여성들이 제게 많이 묻는 질문입니다.

여성들은 우연한 장소에서 자신에게 맞는 운명의 상대를 꿈꾸는 경우가 많습니다. 꼭 연인관계로 발전하지 않더라도 자신과 잘 맞는 상대를 만나 공통의 관심사를 나누고 교류를 하는 것을 좋아합니다.

그렇다면 운명의 그이는 어떻게 내게 오는 것일까요?
나와 잘 맞는 영혼의 반쪽 같은 사람은 어디에서 만날 수 있을까요?

첫 번째는 우선 경로 만들기를 하는 것입니다.
자신을 발견할 수 있는 무언가를 하고 있어야 한다는 것이지요. 자신이 필요로 하는 관심사를 찾고, 그것을 온라인의 어느 공간에 이야기를 하고, 그곳에서 지속적인 활동을 하고 있는 것입니다.

두 번째는 입장 바꾸기입니다.
자신에게 맞는 운명의 상대자가 필요로 하는 이성이 무엇을 좋아하고 무엇에 관심을 표현할지를 고민해보는 것입니다. 즉, 내가 아닌 상대 남성이 되어 나를 바라보는 것이지요.

"이 사람은 무엇을 좋아할까?"
"이 사람은 무엇에 관심을 가질까?"

[제4장] 우아한 기 살리기의 실천

"어떤 대화를 하고 싶어 할까?"
"나의 어떤 점을 가장 예쁘게 볼까?"

이런 것들을 자신이 상상한 그대로 공간 속에 표현을 해보는 것이지요.
너무 겁먹지는 마세요. 이 상상과 표현은 자유입니다.

세 번째는 오프라인으로 활동 범위를 넓히는 것입니다.
지금은 온라인 커뮤니케이션이 발달한 시대이지만 모든 것은 사람과 사람 간의 직접적인 만남 속에서 이루어지게 됩니다.

"저는 쑥스럽고 부끄러워서 활동하기 싫은데요.."

안타깝지만 이렇게 소극적인 태도로 무언가 하기 싫다고 반문하는 분들에게 희망은 없다고 생각합니다. 세상은 자신을 표현하고 적극적으로 활동하는 사람에게 더 많은 기회를 가져다주기 때문이지요.

소심해서 무언가 하기 겁난다면 그렇게 소심한 내가

할 수 있는 정적인 활동들을 찾아보고 그것에 참여해보는 것입니다. 그렇게 하나의 문을 열면 또 다른 문들이 열리게 되는 것입니다.

생각만 하고 고민만 하는 여성보다는 좀 더 적극적인 활동을 하며 우아하게 생활하는 공주님이 되어보세요. 어느 날이면 자신에게 맞는 운명의 그이는 반드시 오게 되어 있습니다.

그 사람이 나만 보게 하는 비법

운명의 그이는 만났는데 이제 어떻게 관계를 맺어가야 할지 고민이 되시죠?

여성들에게 이것은 또 다른 장벽이 되고는 합니다.
교제를 하는 남성과 좋은 관계를 유지하며 함께 성장해나가는 방법에 대한 많은 고민을 해 보셨을 거라 생각합니다.

보통 여성들이 알고 있는 상식은 밀고 당기기를 잘 해

[제4장] 우아한 기 살리기의 실천

야 한다는 것입니다.

그래서 자신은 밀고 당기기를 해보지만 어딘지 모르게 어색함이 감돌며 차가운 분위기를 만들어 낸 적이 있을 것입니다.

핵심적인 것은 밀고 당기기를 해야 한다는 것이 맞지만 이것이 단지 심리적인 밀고 당기기에 해당하는 것이 아니라 신체적인 부분도 함께 이루어져야 한다는 것입니다.

사람들은 보통 반복적으로 낙차를 느끼는 사람들에게 더 많은 매력을 느끼게 됩니다. 긴장이라는 고통과 이완이라는 쾌감을 반복적으로 주는 것이지요.

그래서 너무 잘해줘도 안 되고 너무 못되게만 해도 안 되는 것입니다.

남자친구가 밖에서 스트레스를 많이 받고 기분이 좋지 않은 상태로 나를 대합니다. 이때 여성들은 자신과의 데이트에 성의껏 대해주지 않는다고 퉁명스럽게 대하고는 합니다. 하지만 그 시기에 필요한 것은 상대의 남성을 부드럽게 이완시켜 주는 것입니다.

이완을 유도하는 방법은 심리적인 것도 좋지만 신체적인 것을 병행할 때 더 큰 효과가 나타나게 됩니다.

남자친구와의 데이트에서 주도적이 되어 오일 마사지 등을 받으러 간다든지, 평소에는 입지 않았던 야한 옷을 입고 데이트를 한다든지, 조신하고 얌전해 보이던 이미지에서 탈피해 약간의 도발적인 상황을 연출한다든지..

남성들은 보통 성적인 대상에게 이완과 쾌감을 느끼기 때문에 이것을 적극 활용해야 하는 것입니다.

오늘 한 번 지친 남성에게 살짝 발 마사지를 해주는 것이 어떨까요?
내가 원하는 것만을 요구하는 대신 그 사람의 이야기를 맘껏 들어주고 토닥이며 말 없는 동의를 해보는 것은 어떨까요?
그러다 어느 날은 또 내가 하고픈 대로 말도 안 되는 요구를 한 번 해보는 것은 어떨까요?

[제4장] 우아한 기 살리기의 실천

사랑스러운 공주님이 되어 성향에 맞게 각자의 재능을 맘껏 활용해보시기 바랍니다.

3. 깔끔하고 엣지 있게 이별하기

힘든 인연 정리하기

운명의 그이를 만나 알콩달콩한 연애를 맘껏 즐기더라도 헤어짐의 순간은 자신이 막을 수 없을 때 오기도 합니다. 대부분의 여성들은 이때 자신을 탓하며 헤어진 남성의 마음을 돌리기 위해 애를 쓰지만 한가지 진실은 여성들이 노력할수록 상대의 남성이 점점 더 멀어진다는 것입니다.

"헤어진 그 사람을 다시 만나고 싶은데 안 되겠죠?"
"헤어진 그 사람보다 더 좋은 사람을 만날 기회가 많은데 꼭 그 사람이어야 하나요?"
"그 사람에 대한 생각을 떨쳐버릴 수가 없어요. 그 사람이 아니면 안될 거 같거든요."

"그래요. 그렇다면 그 사람이 아니면 안될 거 같은 마음을 일단 정리해보죠. 지금 마음이 아픈 건 그 사람 때문이 아니라, 떠나야 할 것을 붙잡고 있는 그 마음이 자신을 표현하는 거랍니다."

자, 지금부터 힘든 인연을 정리하는 방법을 한 번 알아보도록 할까요?

① 추억의 물건 + 상징물 보이는 곳에 놓아두기

헤어진 사람과 함께한 추억의 물건을 모두 담아 눈에 보이는 곳에 놓아둡니다. 물건이 없다면 그 사람을 상징하는 상징물을 눈에 보이는 곳에 놓아둡니다.

② 생각나는 마음을 바람결에 흘려보내기(p120 수호천사 기공 참조)

버려야 한다고 자신을 탓하지 않습니다.

추억의 물건과 함께 깃든 과거의 회상이 떠오를 때마다 바람결에 흘려보내기를 합니다. 그보다 더 나은 사람을 만나야 한다고 다짐할 때도 바람결에 흘려보내기를 합니다.

[제4장] 우아한 기 살리기의 실천

③ 스스로에게 도닥이며 암시하기

깨끗하게 이별하는 것이 가장 좋은 것임을 자신에게 암시하듯 말해줍니다. 깨끗한 이별이 되면 자신에게 더 좋은 인연이 나타날 것도 얘기해줍니다.

이별은 슬픔이 아니라 새로운 시작임을 되새겨봅니다.

④ 물건과 상징물 정리하기

어느 날이면 문득 물건을 버려야겠다는 생각이 듭니다. 생각하지 않고 물건을 바로 버리도록 합니다. 추억이 깃든 사진도 모두 지워버리도록 합니다.

상징물이 있다면 태워버리며 저 먼 하늘로 남김없이 사라지도록 흘려보냅니다.

⑤ 새로운 시작을 알리도록 자신에게 선물하기

자신이 가장 좋아하는 선물을 스스로에게 해줍니다.

백화점에 가서 옷을 사도 좋고 새롭게 메이크업을 받아보는 것도 좋습니다. 평소에 가장 좋아했지만 하지 못했던 새로운 것을 해봄으로써 완성이 되었다는 것을 알게 됩니다.

공주님의 우아한 기 살리기

마음속 미련 떠나보내기

사람들은 이별에 익숙치 않습니다.
이별은 준비된 상태에서만 오는 게 아니라 갑작스럽게 맞이하기도 하기 때문입니다.
그리고 곧 공황상태가 됩니다.

'어쩌면 좋지? 나는 이런 일을 겪고 싶지 않아..'

이렇게 마음이 아프면 곧바로 회피하기 위한 많은 노력들을 하게 됩니다. 그러나 충분한 마음의 애도 없이는 마음속의 미련이 떠나보내지지 않습니다.

사람들에게 위로를 받거나 괜찮다고 토닥여도 잠재된 슬픔이나 미련이 떠나보내지지 않는 것은 그것을 임시로 덮어두려고 했기 때문입니다. 마음은 늘 잠재된 곳에서 그 슬픔을 표현하기에 괜찮은 것 같다가도 어느 날이면 아픔과 슬픔을 고스란히 경험하기도 합니다.

애도한다는 것은 이러한 것입니다.

[제4장] 우아한 기 살리기의 실천

충분히 울고
충분히 표현하는 것
어설픈 위로는 하지 않는 것

만약 힘든 인연으로 인해 가슴이 아프다면, 추억 때문에 눈물이 나온다면 그 슬픔이 끝날 때까지 잠시 모든 것을 놓아두고 그 속에 들어가는 것입니다.

사실 이것은 어려운 일이 아니라 아주 쉬운 것입니다. 긴 시간이 필요하다고 생각하는데 때로는 아주 작은 시간의 투자만으로도 큰 효과를 보게 됩니다.

자신의 슬픔이나 미련과 아픔을
그 때의 추억과 기억을
잊고 싶지 않은 그 마음을
말로 표현해도 좋고, 글로 쓰는 것도 좋습니다.

이때 가장 중요한 것은
~해서 괜찮을 거야..
~해서 좋아질 거야..
~하면 나아질 거야.. 라고 스스로에게 말을 하지 않

는 것입니다.

이렇게 충분하게 애도를 하다 보면 아파하는 마음은 스스로 회복을 하게 됩니다. 슬픔이 즐거움으로 바뀌기도 하며 고통은 사랑으로 변해있기도 합니다.

미련은 떠나보내는 것이 아니라 점점 변해가는 것이기에 겁내고 당황하지 않아도 괜찮습니다.

4. 태양신의 기운으로 여신으로 깨어나기

축하의 행사 중 하나인 페스티벌에 참여하면 저절로 기분이 좋아지면서 그 순간 생명력이 살아나는 경험을 해 보셨을 겁니다.

페스티벌에서 태양은 본래 남자를 뜻하는 말입니다.

축제에서 화려한 의상을 입은 여성들의 춤은 빠질 수 없는 묘미 중의 묘미입니다. 페스티벌의 진정한 주인공은 바로 여성이라는 이야기지요. 여성은 스스로 태양신의 기운을 받는 주인공이 됨으로써 여신으로 깨어납니다.

[제4장] 우아한 기 살리기의 실천

고대의 자연종교에서 여성들은 태양과 달의 기운을 통해 자연으로부터 생명력을 받았습니다.

현대화되고 도시화가 진행되면서 점차로 이러한 전통과 작은 단위의 페스티벌은 줄었지만 여성들의 잠재된 무의식 층의 어딘가에 머무르는 여신은 언제나 깨어나기를 기다리고 있습니다.

스스로 여신을 깨워 생명력을 일으키는 의식을 하는 것은 어렵지 않답니다.

혼자서도 충분히 자연을 벗 삼아 잠재된 여신을 깨워 세상 속의 주인공이 되는 법을 살펴보겠습니다.

☆ 태양의 힘으로 가득 채우는 8번의 특별한 날

절기	뜻	시기 (2017년도 예시)
입춘	봄의 시작	2월 4일
춘분	낮이 길어지기 시작하는 때	3월 20일
입하	여름의 시작	5월 5일
하지	낮이 가장 긴 시간	6월 21일
입추	가을의 시작	8월 7일
추분	밤이 길어지기 시작하는 때	9월 23일
입동	겨울의 시작	11월 7일
동지	밤이 가장 긴 시간	12월 22일

공주님의 우아한 기 살리기

☆ 한 잔의 와인과 한 번의 키스

8번의 특별한 날은 태양신의 기운을 받을 수 있는 선택된 날입니다. 8번의 특별한 날에는 남자친구가 있더라도 잠시 혼자만의 시간을 가지며 태양을 연인 삼아 데이트를 하는 것입니다.

근사한 와인을 준비해서 한 모금 마시고 숲을 상징하는 나뭇잎이나 꽃 등을 준비해 가벼운 키스를 합니다. 빵이나 제철의 곡식, 과일 등이 있다면 풍요로움을 함께 준 대지의 여신께도 감사하며 생명력과 풍요로움을 함께 즐기도록 합니다.

만약 아무런 여건이 되지 않는다면 손으로 키스를 날리는 정도로도 충분합니다.

5. 달과 함께 춤을 추기

음력 보름날 밤에 뜨는 둥근달을 보름달이라고 합니다. 여성들은 생리의 주기가 보통 28일로 달을 따라가는 경우가 많습니다.

[제4장] 우아한 기 살리기의 실천

이처럼 달은 여신의 힘을 상징하기 때문에 여성들은 달의 힘을 받아 여신의 힘을 충전할 수 있습니다. 일반적으로 한 달에 두 번의 보름달이 뜨게 되면 두 번째 보름달을 푸른달이라고 합니다. 이 푸른달이 뜰 때 여성들의 생명력의 힘은 수백 배가 강해지면서 신비한 마법의 힘이 넘친다고 알려져 있습니다.

푸른달이 뜨는 날은 마법의 달로 그때 달을 보며 이루고 싶은 소원을 빌면 됩니다.

☆ 월별 달의 이름

월	달의 이름
1월	Wolf Moon(늑대달), Quiet Moon(조용한 달), Snow Moon(눈의 달), Cold Moon(추운 달), Chaste Moon(순결한 달), Disting Moon(먼 달), Moon of Little Winter(작은 겨울의 달), Old Moon(늙은 달), Moon After Yule(율 다음 달)
2월	Ice Moon(얼음달), Storm Moon(폭풍달), Horning Moon(뿔의 달), Hunger Moon(배고픈 달), Wild Moon(황폐한 달), Red and Cleansing Moon(붉고 정화하는 달), Quickening Moon(빨리 가는 달), Solmonath(Sun Moon)(솔마나스: 태양달), Big Winter Moon(큰 겨울 달), Snow Moon(눈의 달), Bony Moon(앙상한 달)

3월	Storm Moon(폭풍달), Seed Moon(근원의 달), Moon of Winds(바람의 달), Plow Moon(경작의 달), Worm Moon(따뜻한 달), Hrethmonath (Hertha's Moon)(레스모나스: 헤르타의 달), Lentzinmanoth (Renewal Moon)(렌찐마노스: 새로운 달), Lenting Moon(단식의 달), Sap Moon(생기의 달), Crow Moon(까마귀의 달), Moon of the Snowblind(눈부신 달), Windy Moon(바람 부는 달), Lenten Moon(사순절의 달), Crow Moon(까마귀의 달), Crust Moon(딱딱한 달), Chaste Moon(순결한 달)
4월	Growing Moon(자라나는 달), Hare Moon(토끼달), Seed Moon(근원의 달), Planting Moon(경작의 달), Planter's Moon(농부의 달), Budding Trees Moon(나무가 싹 트는 달), Eastermonath(Eoster Month)(이스터모나스: 부활절의 달), Ostarmanoth(오스타마노스), Pink Moon(분홍달), Green Grass Moon(푸른 잔디의 달), Grass Moon(잔디달), Flower Moon(꽃달), Egg Moon(달걀달), Moon of the Red Grass Appearing(붉은 잔디가 나타나는 달)
5월	Hare Moon(토끼달), Merry Moon(기쁜 달), Fright Moon(경악의 달), Flower Moon(꽃달), Frogs Return Moon(개구리가 돌아오는 달), Thrimilcmonath(Thrice-Milk Month)(트리밀크모나스: 세 배의 우유의 달), Sproutkale(케일새싹), Winnemonoth(Joy Month)(와이네모노스: 기쁜 달), Planting Moon(경작의 달), Moon When the Ponies Shed(조랑말이 땀 흘리는 달), Milk Moon(우유달), Dyad Moon(두 쌍의 달)

6월	Mead Moon(꿀술의 달), Moon of Horses(말들의 달), Lovers' Moon(연인의 달), Strong Sun Moon(강렬한 태양달), Honey Moon(꿀달), Aerra Litha(Before Litha)(에이라 리타: 리타 전), Brachmanoth (Break Month)(브라크마노스: 휴식달), Strawberry Moon(딸기달), Rose Moon(장미달), Moon of Making Fat(살찌는 달), Green Moon(초록달), Corn Moon(곡물달), Flower Moon(꽃달), Dyad Moon(두 쌍의 달)
7월	Hay Moon(건초의 달), Wort Moon(초목의 달), Moon of Claiming(청구의 달), Moon of Blood(피의 달), Blessing Moon(축복의 달), Maedmonat(Meadow Month)(미드모낫: 초원의 달), Hewimanoth(Hay Month)(헤위마노스: 건초의 달), Fallow Moon(쉬는 달), Buck Moon(숫사슴달), Thunder Moon(번개달), Buck Moon(숫사슴달), Ripe Moon(원숙한 달), Corn Moon(곡물달), Mead Moon(초원의 달)
8월	Corn Moon(곡물달), Barley Moon(보리달), Dispute Moon(논쟁의 달), Weodmonath(Vegetation Month)(웨드모나스: 초목의 달), Harvest Moon(추수의 달), Moon When Cherries Turn Black(체리가 검게 익는 달), Green Moon(초록달), Fruit Moon(과일달), Grain Moon(곡물달), Sturgeon Moon(철갑상어의 달)

9월	Harvest Moon(추수의 달), Wine Moon(포도주달), Singing Moon(노래하는 달), Sturgeon Moon(철갑상어의 달), Haligmonath(Holy Month)(할리그모나스: 거룩한 달), Witumanoth(Wood Month)(위투마노스: 나무의 달), Moon When Deer Paw the Earth(땅에 사슴 발자국이 찍히는 달), Fruit Moon(과일달), Nut Moon(견과류달), Barley Moon(보리달)
10월	Blood Moon(피의 달), Harvest Moon(추수의 달), Shedding Moon(창고의 달), Winterfelleth(Winter Coming)(윈터필리스: 겨울이 옴), Windermanoth(Vintage Month)(윈더마노스: 포도 수확의 달), Falling Leaf Moon(잎이 지는 달), Ten Colds Moon(감기에 열 번 걸리는 달), Moon of the Changing Season(계절이 바뀌는 달), Hunter's Moon(사냥꾼의 달)
11월	Snow Moon(눈의 달), Dark Moon(어두운 달), Fog Moon(안개달), Beaver Moon(비버의 달), Mourning Moon(비탄의 달), Blotmonath(Sacrifice Month)(블롯모나스: 희생의 달), Herbistmonoth(Harvest Month)(허비스트모나스: 추수의 달), Mad Moon(미친 달), Moon of Storms(폭풍우의 달), Moon When Deer Shed Antlers(사슴이 뿔을 떨구는 달), Frost Moon(꽁꽁 언 달), Trading Moon(상업의 달), Hunter's Moon(사냥꾼의 달)

12월	Cold Moon(차가운 달), Oak Moon(떡갈나무 달), Moon of Long Nights(긴 밤들의 달), Long Night's Moon(긴 밤의 달), Wintermonat (Winter Month)(윈터모나스: 겨울달), Heilagmonoth (Holy Month)(힐라그모노스: 거룩한 달), Big Winter Moon(큰 겨울달), Moon of Popping Trees(양귀비의 달), Long Nights Moon(긴 밤의 달), Snow Moon(눈의 달), Moon Before Yule(율 이전 달)

1월부터 12월까지의 달의 이름과 이미지 중 가장 마음에 드는 것을 한 가지씩 고릅니다(달의 이름은 중간에 바뀌어도 괜찮습니다.)

예를 들어, 1월에 작은 겨울의 달의 이름을 선택했다면 이름과 함께 달의 이미지를 떠올리며 한 달 동안 기운을 받도록 합니다.

제 5 장

우아한 기 살리기의 완성

1. 숨지 말고 드러내기

세상을 믿어보자

취업경쟁과 스펙 쌓기
끊임없는 자기계발

뉴스와 인터넷 기사를 보면 세상은 온통 불공평하고 안전하지 못한 정보들로 가득합니다. 사람들은 너무나 많은 정보에 혼돈이 오기 시작하며, 어느덧 세상은 믿지 못할 곳으로 인식이 되었습니다. 그리고 이러한 것들에 너무나 많이 지쳐 있는 분들을 보게 됩니다.

최소한의 사회적 안전망이라는 직장을 그만두고 난 뒤 편해진 것들이 정말 많습니다. 그것은 내 멋대로 할 수 있는 것들이 많아졌기 때문이었습니다.

멋대로 사는 것이란 도덕관념을 지키지 않고 천방지축인 공주님처럼 세상과 무관하게 소통을 한다는 뜻이 아니라, 더욱더 분별력 있는 행동을 할 줄 알게 되었다는 뜻입니다.

"좋아요."
"싫어요."
"아니요."
"괜찮아요."라고 분명하게 이야기를 하고 저에게 좋은 것과 좋지 않은 것을 구별하는 힘이 길러지기 시작했습니다.

대부분의 사람들은 세상을 믿지 못하고, 더불어 사람을 믿지 못하는 '의심병'이 가득합니다. 이 '의심병'이 가득하면 자신의 머릿속 망상에서 결론을 내느라 세상 앞에 당당히 나서지를 못합니다.

"저 이것을 하고 싶어요."
"저 이것은 하기 싫은데요."
"저 이것을 참 좋아해요."
"저 이것을 잘하지 못해요."라고 솔직하게 말을 해도 괜찮습니다.

사람들 앞에서 거절을 당하고 굴욕감과 함께 수치심을 느낄까 봐 두려워하는 마음을 이해합니다. 특히 여

[제5장] 우아한 기 살리기의 완성

성분들은 사회적으로 보이는 이미지 때문에 자신을 드러내기보다는 감추고 조신해져야 한다는 관념을 가지고 있습니다.

자신의 표현에 적극적이어도 괜찮습니다.
또한 좋고 싫음을 당당히 표현한 후 그것을 수습하느라고 변명을 늘어놓지 않아도 괜찮습니다. 오히려 변명을 안 하고 '그냥 내 느낌이 그래.'라고 생각하고 다른 사람을 설득하지 않아도 괜찮습니다. 단순하고 명료해질수록 세상은 나에게 더 명확한 길을 보여줍니다.

기회를 놓칠까 봐 전전긍긍하지 마세요. 모두에게 기회는 항상 열려있고, 단지 지금 놓친 기회가 내 것이 아니었을 뿐입니다. 만약 그것이 내가 해야 할 일이고 그 사람과 맺어질 인연이라면 반드시 나에게 돌아오게 되어있기 때문입니다.
세상을 믿고 드러내세요, 당당하게.
욕을 먹는 숫자는 자신의 인기와 성공에 비례하기도 한답니다.

공주님의 우아한 기 살리기

갑옷과 방패와 칼

많은 분들이 거절을 하고 싶은 상황에서 거절을 하지 못해 어려움을 겪습니다. 특히 여성분들은 자신의 정서적인 안정감을 찾으려고 부탁을 해 오는 타인에게 쉽게 "네"를 해 버리거나 자신의 부탁들 타인에게 하지 못하는 경우가 많습니다.

만약 자신이 타인의 미움을 받을 경우 집단에서 소외가 되어 외롭게 혼자 남겨질까 하는 두려움이 크기 때문입니다.

감정이입 피로증후군이라는 것이 있습니다. 좋은 관계를 유지하려고 노력했는데 도리어 힘을 빼앗기며 피로해지는 것이 그러한 것입니다. 누군가와 대화를 하거나 만남을 지속하는데 계속 피로감이 몰려온다면 다음의 것들을 기억할 필요가 있습니다.

갑옷

외면하기 → 대화 중 화제의 전환, 또는 공간 이동

[제5장] 우아한 기 살리기의 완성

> **방패**

벽을 세우기 → 자세를 바꿈으로써 대화의 벽을 쌓음

> **칼**

관계를 단칼에 잘라 버리기→ 단호하게 NO라고 얘기하기

만약 자신이 악한 역할을 하기 싫기 때문에 위의 3가지를 할 수 없다면 그것은 아직 어린아이로 남아 있다는 증거입니다. 세상에서 어떤 사람들은 자신을 보호하지 못하는 사람들을 쉽게 포식자로 삼아 삼켜 버립니다.

이것을 쉽게 볼 수 있는 경우는 바로 다른 사람의 양심이나 죄책감을 조정하려고 하는 것입니다. 피해자 놀이를 하거나 동정심을 얻어 자신이 원하는 것을 얻어 내는 것입니다.

자신의 경계영역을 지키는 것은 사람들 간의 관계에서 신뢰감에 많은 영향을 주게 됩니다. 세상은 약하고 착한 사람들이 신뢰감을 얻기보다 지배를 받는 경우가

공주님의 우아한 기 살리기

더 많습니다.

특히, 여성분들의 경우 연인이 되면 약자가 되려 하거나 경계를 넘어 남자친구의 사생활까지 모두 통제하려는 경향이 있는데 남자친구의 영역을 보호해주고 서로의 사생활을 존중해주는 것이 건강한 연인관계를 유지하는 비결입니다.

공주님이 되어 남성의 든든한 지지를 받는 것과 약자가 되어 인정과 사랑을 일방적으로 요구하는 것은 전혀 다른 행위입니다.

경계감에 문제가 있으면서 자아가 커질 경우 타인의 경계를 존중하지 않고 다른 사람들을 통제하려고 하기에 타인의 경계를 쉽게 침범하고 거절의 상처를 받습니다.

경계감에 문제가 있으면서 자아가 왜곡되는 사람은 타인이 무엇을 필요로 하지 않는데 무엇을 가져다주거나 무엇을 할 수 있다고 나서면서 중요한 사람임을 인정받아야만 합니다.

만약 자신이 이런 성향을 보인다면 심리나 정서 상황을 체크해보고 타인의 영역을 함부로 침범하거나 통제하려는 시도를 멈추는 것이 좋습니다.

또한 누군가가 자신의 영역을 함부로 침범함에도 그것을 거절하기 어려웠다면 앞서 설명한 갑옷과 방패와 칼의 방법을 분위기에 맞게 사용하여 자신을 보호하시기 바랍니다.

2. 무지의 구름을 걷어내기

관상과 향심

관상과 향심이라는 것은 거룩한 존재에 대한 온전한 헌신과 마음을 다해 하나가 된다는 뜻입니다. 종교를 가진 분이라면 이것이 잘 이해될 것입니다. 거룩한 마음 자체라고 하면 그 거룩함이 무엇을 뜻하는지 모르지만 예수, 성모마리아, 부처, 보살님 또는 위대한 성인들의 거룩한 마음이라고 한다면 그것을 짐작할 수 있을 것입니다.

공주님의 우아한 기 살리기

① 묵상의 단계 - 언어, 개념, 이미지, 상상 등의 매개 수단을 이용하여 온 마음을 다하여 신과의 접촉을 계속하여 추구하는 것입니다.(성경 구절, 진언, 책에서 감흥을 받은 내용, 예수, 성모마리아, 하느님, 수호천사 등)

② 정화의 밤인 향심 기도 - 앞에서 거룩한 의미에 접촉을 했다면 이제 몸과 마음을 충분히 이완하고 그 단어나 이미지에 마음을 돌립니다. 신은 우리의 생각과 기억과 감각 등의 마음을 초월한 존재이기 때문에 자신에게 떠오르는 모든 개념과 이미지를 초월하여 그것들을

[제5장] 우아한 기 살리기의 완성

떠나보내는 것입니다. 이때 일어나는 영상과 기억과 계획, 외부로부터의 소음, 초월감, 신비감 등도 모두 떠나보내야 합니다. 이렇게 꾸준히 연습하면 몸과 마음에 사랑이나 기쁨 등과 같은 어떤 힘이 느껴집니다. 그러한 느낌이 올 때 단어나 이미지를 놓아버리고 그 느낌을 향해 몰입해 갑니다.

③ 관상의 단계 - 정화의 밤이 지나면 깊은 침묵 속에 들어가게 됩니다. 관상은 주로 직관적으로 작동하는 것으로써 이것은 신이 원할 때 신이 원하는 사람에게 주는 은혜와 같습니다. 그러므로 사람은 그 은혜를 받을 수 있도록 요청하고 준비하고 기다릴 수 있을 뿐입니다.

이러한 관상을 통해 우리는 직관적으로 신을 깨닫고 자신 안에 신성한 그분의 현존을 느낄 수 있는 것입니다.

④ 마음의 고요함과 평정심 - 자신 안에 신이 현존하기 시작하면 근심과 걱정이 없는 차분함, 또는 외부로부터 오는 소음이나 걱정, 번잡함, 상념들로부터 흔들어 놓을 수 없는 고요함과 평정심을 찾게 됩니다. 이것은 정신과 마음이 깨어있는 상태로 혼란 속에서도 중심을 잃지 않고

신의 은총을 받을 수 있는 현존의 의식상태가 됩니다.

보통 관상과 향심이라고 한다면 무언가 특별한 기적이나 그 순간의 체험이 일어나야 하는 것으로 착각을 하는 경우가 많습니다. 하지만 진정한 관상과 향심은 그것을 추구하는 것이 아닙니다. 가슴 벅차오르는 환희감이나 그 뒤에 깨달음이 와서 번쩍! 하고 힘이 나는 결과는 아닙니다. 만약 이것을 추구한다면 진정한 관상과 향심에서 벗어나는 길이 됩니다.

가장 간단하게 관상과 향심을 할 수 있는 방법은 자신의 호흡을 챙기는 것입니다.

태초에 지닌 신의 숨결로 돌아가 그 거룩함을 향하는 마음으로 호흡을 마음속에 담고 나머지를 놓아줍니다. 모든 것을 신의 숨결에 맡기고 그 순간만큼은 신과 하나가 되도록 거룩함에 맡기는 것입니다. 그렇게 거룩함을 향하던 마음이 스스로는 신과 닮아가게 됩니다.

아무것도 변하지도 않고 느껴지지 않아도 자신의 삶은 신을 닮아 변해 갑니다.

[제5장] 우아한 기 살리기의 완성

신의 은총과 영혼의 성장

"저에게 정해진 운명이 있을까요?"
"저는 누구죠?"
"제가 이 세상에 태어난 이유가 무엇일까요?"
"저에게 맞는 천직과 천명을 찾아가고 싶어요."

　사람들은 궁극적인 자신을 궁금해 하고 또 삶에서 문득 결정하기 힘든 상황에 답답해지면 정해진 운명의 길을 찾아 점을 보기도 합니다. 이러한 이유를 찾고 점을 보는 것이 나쁘다는 것은 아닙니다. 때에 따라 이것을 잘 활용하면 인생에서 커다란 지혜로 활용할 수 있습니다.

　다만 사람들에게 정해진 운명을 정확하게 읽는 무엇이나 정해진 천직이나 천명은 없다는 것입니다. 이것이 있다고 해도 사람은 한계를 지닌 존재이기에 그 신비를 모두 읽어낼 수 없습니다.
　그래서 세상은 그 자체로 신비롭고 재미있는 것입니다.

　또 다른 어딘가에 나의 소명과 천직과 운명의 짝이 있

을 것이라는 기대감을 접고 지금 내가 하고 있는 쓸데없는 일들에 집중을 해보시기 바랍니다.

자연이 돌아가는 풍경을 잘 살펴보면 정말로 쓸데없이 일어나는 일이라는 것은 없습니다. 자연은 시간을 낭비하는 일을 하지 않으며 불편함이 있었기에 수많은 과학의 발전이 이루어졌으며 독이 되는 바이러스가 있었기에 의료기술과 치료약이 개발될 수 있었습니다.

그렇기에 우리는 지금 문명이라는 안전망 속에서 수많은 혜택을 받으며 살아갑니다.

자신에게 가장 쓸데없고 쓸모없는 지금의 일이 바로 자신이 해야 할 신의 몫인 것입니다.

혼자가 되는 것을 즐기도록 하세요.

남들 눈에 좋아 보이려고 여기저기 친분을 쌓기 위해 돌아다니는 것을 관두세요. 친분은 그렇게 쌓아지는 것이 아니며 친분으로 쌓은 인연이 꼭 사회생활의 이익으로 돌아오지 않습니다.

다만 소통은 하셔야 합니다. 자신을 표현하고 그것에

[제5장] 우아한 기 살리기의 완성

대한 사회와 사람들의 반응을 체험하는 것이 소통입니다. 이것은 체험이지 옳아야만 하는 반응이 아닙니다.

이 체험을 통해 무수하게 상처받을 수 있음을 알고 거절당할 수 있음을 아셔야 합니다.

소통이란 철저하게 자기 자신과의 소통입니다.

내가 지금 무엇을 체험 중인지
내가 무엇을 표현 중인지
이 두 가지를 항상 체크하는 것입니다.

소통과 표현을 할 때는 자신만의 계율을 정해서 바른 말, 바른 행위, 바른 생활이 되도록 덕목을 쌓도록 합니다. 바로 이 덕목이 신의 은총과 영혼이 성장하는 길이 됩니다.

세상에 삐뚤어진 면이 보인다면 삐뚤어진 채로 보이게 될 것이고 바른 면은 바르게 보이게 될 것입니다.

하지만 여기서 한 발짝 더 나아가는 길이 있습니다. 삐뚤어진 것은 삐뚤어지게 놔두고 비판만 하는 것이 아니라, 그 비판을 올바르게 이용하고 개선이 되도록 딱 한 발짝만 더 나아가는 것입니다.

누군가가 내가 잘못한 것을 지적하고 비웃습니다. 그때 나는 그 지적과 비웃음에 화를 낼 수도 있고, 동의하지 않을 수도 있으며, 마지막은 그 지적을 지혜로 활용하는 것입니다.

누가 봐도 인상이 찌푸려지는 그런 행동을 내가 먼저 하지 않는 것입니다.

그럼 손해를 보는 것 아닌가요?

아니요.

매 순간의 선택에 의해 의심 없이 자신을 맡길 수 있다면 마음속의 의심은 저절로 사라지게 됩니다. 마음속의 의심이 사라지고 저절로 그 속에 나를 온전히 나를 맡길 때 신의 은총을 받으며 사람은 천재성을 발휘하게 됩니다.

이것이 진정한 영혼의 성장입니다.

이렇게 영혼은 한발짝 한발짝 세상을 통해 성장을 하게 됩니다. 자신의 운명과 흐름은 이렇게 한발짝 한발짝 내딛는 세상을 통해 보여지게 됩니다.

제 6 장

공주님의 우아하고 순한 삶을 살아볼까?

1. 세상의 가치와 의미는 내가 정하는 것

상담을 하면서 또는 사람들을 만나며 가장 많이 하는 말이 있습니다.

"지금 있는 그대로도 괜찮아요."
"지금 하고 싶은 걸 맘껏 해봐도 괜찮아요."
"지금 겪는 모든 것을 충분히 겪어봐도 괜찮아요."

괜찮아요.
괜찮아요.
괜찮아요.

항상 이 말로 시작해서 이 말로 마무리를 하는 것 같습니다.

세상에서 자신을 둘러싸고 있는 모든 것에 대한 의미와 가치는 스스로 정하는 것입니다. 남이 정해주고 다른 이들이 정해 놓은 가치에 자신을 맞추는 것이 아닙니다. 그래서 대다수의 사람들이 옳다고 말하는 것을 우선 틀

[제6장] 공주님의 우아하고 순한 삶을 살아볼까?

렸다는 시각으로 시작을 하는 것입니다. 그리고 자신이 그것에 동의하며 믿고 있는 상식도 틀린 것이라고 여겨 보는 것입니다.

이렇게 해서 자신이 너무 큰 가치를 둔 무언가를 붕괴 시키고 의미부여를 한 것을 붕괴시키는 것입니다. 이렇 게 기존의 가치와 의미가 무너질 때 비로소 다른 가치를 보게 되며 선택지와 방향이 무수히 열려있음을 알게 됩 니다.

그렇다면 내가 선택한 방향과 가치관이 잘못되었을 땐 어떻게 하죠?

내가 선택한 방향과 가치관이 모두 옳은 것은 아니었 음을 알면 됩니다. 그래서 선택에 대한 책임을 지게 되 는 것이죠. 공주님은 자신이 선택한 것에 대한 올바른 책임을 질 줄 아는 사람입니다. 책임은 지지만 자신을 탓하지 않으며, 그것 또한 그 상황에 맞는 최선의 선택 이었음을 알면 사뿐사뿐 가볍게 장벽을 넘어 새로운 세 상으로 진입할 수 있게 됩니다.

공주님의 우아한 기 살리기

　모든 일이 순조롭게 잘 돌아가는 것은 비정상적인 일입니다. 모든 일이 순조롭지 않게 삐끄덕거리며 돌아가는 것이 정상적입니다.

　겉으로 보기에는 불안정하고 불규칙적으로 보이면서도 나름대로의 질서와 규칙성을 가진다는 이론이 카오스 이론입니다. 이것은 작은 변화가 예측할 수 없는 큰 결과를 가져온다는 것으로 안정적으로 보이는 것들이 안정적이지 않을 때가 있으며, 또한 불규칙해 보이는 것들이 사실은 안정적이라는 여러 현상들을 설명하고는 합니다.

　그러면 한 번쯤은 잘못되기를 바라는 마음으로 편안하게 무언가를 해보시길 바랍니다.

　우리는 항상 괜찮습니다.
　사뿐사뿐 우아하게 날갯짓을 하는 나비처럼 이 꽃 저 꽃을 다니며 향기로운 탐색을 하셔도 세상은 충분히 안전합니다.

2. 사뿐사뿐 순하게 흘러가기

흔히 마음을 다스리기 위해 명상을 하고는 합니다.

그러나 명상은 특정 의식 상태를 일으키고 내 마음속에 나타나는 현상이나 생각을 없애버리는 것이 아닙니다. 또한 나의 성격을 바꾸거나 내가 원하는 상태로 만들어 주는 그러한 것이 아닙니다. 사람은 아무리 노력을 해도 본성이 바뀌지 않습니다.

그렇기에 자신을 바꾸기 위해 노력하기보다는 자신의 본성대로 사는 순한 방법을 찾아 순하게 흘러가는 것이 바로 명상이자 순한 고리의 연속이 됩니다.

무엇인가를 바꾸고 개선하려고 할 때마다 그것에서 너무나 많은 애를 쓰고 있는 자신을 발견할 것입니다. 또 하나는 누군가처럼 되기 위해 자신이 하지 않아도 될 것들을 하느라 또 다른 에너지를 낭비합니다.

"충분해, 충분히 너다워도 예뻐."라고 누가 말해준다면 기분이 어떠할까요?

공주님의 우아한 기 살리기

"그만, 그만 멈춰도 충분해."라고 누가 말해준다면 지금 이 순간 휴식을 취할 수 있을까요?

순하게 흘러가는 공주님의 삶은 자신이 하고 싶은 일, 좋은 일만 하며 사는 것입니다.

왕자님을 만나 어느 날 세상이 뒤바뀌는 판타지를 기대하지 않고, 내가 여왕이 되어서 누군가를 지배하고 우위에 서려는 경쟁심에 압도되지 않고, 지는 것에 실망하지 않고, 영원한 실패란 오지 않음을 알고 넉넉하게 기다리는 것입니다.

진심으로 자신의 마음속 대답을 솔직하게 들어보는 것입니다. 마음은 항상 순수해서 가장 진실한 대답만을 주기 때문입니다.

"사랑하는 나의 공주야. 네가 원하는 게 무엇이니?"라고 항상 물어보는 세상의 진정한 왕이 있습니다. 그분은 항상 나의 이야기를 듣고 또 내가 원하는 것들을 해주기 위해 마음을 열고 귀 기울이기는 분입니다. 세상의 험악한 일들은 왕에게 맡기고 그저 나는 요구하고 그것

[제6장] 공주님의 우아하고 순한 삶을 살아볼까?

을 즐기는 것입니다.

이제 닫힌 마음을 열고 진짜 공주님으로 대접을 받으세요. 마음을 열고 세상을 다시 바라보면 공주님의 세상이 눈앞에서 펼쳐집니다. 자신이 발견하지 못했던 아름다움과 풍요로움이 선물처럼 주어집니다. 그것이 당신이 이 세상에 태어난 진짜 이유랍니다.